入門 日本語学ワークブック

中村萬里・坂本浩一・矢毛達之・久保蘭愛 著

JAPANESE
STUDY
WORKBOOK

暁印書館

はじめに

　本書は、大学・短期大学で初めて日本語学を学ぼうとする学生を対象にしています。日本語学の「ここだけは押さえておきたい」基礎をできるだけわかりやすく、簡潔な記述と豊富な表や図版などできちんと理解できるように構成しています。またワークシートによって、より深く日本語学の基礎力をつけられるように配慮した新しい形式のテキストです。本書は10章で構成されていますが、30回の授業を想定した内容になっています。

　最近の大学生・短大生の日本語力が低下しています。確かな日本語力を養うためには、まず、日本語そのものを理解しなければなりません。日本語学こそが、大学教育において最重要の基幹科目なのです。

　本書は依頼を受けて書きましたが、各著者が持ち寄った原稿を全員で何度も検討・推敲して、全体をまとめました。

　最後に、本書を書くにあたりまして、奥村三雄先生、迫野虔徳先生の学恩に心から感謝申し上げます。

平成25年1月

中村萬里

目　次

はじめに

Ⅰ　言語の特質 ——— 7
Ⅱ　音声・音韻 ——— 9
（1）音声と音韻　9
（2）日本語の音韻　12
（3）アクセントとイントネーション　15
（4）音韻史　16

Ⅲ　文法 ——— 21
（1）文法とは　21
（2）口語文法と文語文法　22
（3）文法研究の流れ　24
（4）文法史　26

Ⅳ　敬語 ——— 30
（1）敬語の分類−1　30
（2）敬語の分類−2　31
（3）敬語史　33

Ⅴ　語彙・意味 ——— 35
（1）語彙とは　35
（2）語義　38
（3）語構成　41
（4）語彙史と辞書　43

Ⅵ 文字・表記 ―――――― 50
 （1）文字とは　　50
 （2）日本の文字　　50
 （3）仮名遣い　　52
 （4）文字史　　54

Ⅶ 文章・文体 ―――――― 57
 （1）文章とは　　57
 （2）文体とは　　58
 （3）文体史　　61

Ⅷ 言語生活 ―――――― 66
 （1）言語生活とは　　66
 （2）言語生活史と社会言語学　　66

Ⅸ 方言 ―――――― 70
 （1）方言と共通語　　70
 （2）方言区画　　71
 （3）比較方言学と方言地理学　　74
 （4）方言史　　76

Ⅹ 系統 ―――――― 79

日本語略年表　　83
参考文献　　87

ワークシート

I 言語の特質

1 言語とは

言語とは、人の思想や感情を一定の分節された音声（音韻）によって、表現し伝達しようとするものです。その内容と形式との結びつきには3つの本質的な特性があります。

  1. 社会性
  2. 恣意性（非必然性）
  3. 分節性

2 ラングとパロール

言語には、〈ラング（langue）〉と〈パロール（parole）〉という、2つの面があります。これは、スイスの言語学者ソシュール（Ferdinand de Saussure, 1857-1913）の考えです。ラングは社会的・抽象的な面を持ち、パロールは個人的・具体的な面を持っています。例えば、ラングは音韻、パロールは音声と考えることもできます（→Ⅱ-（1）参照）。

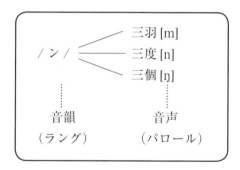

【練習問題】

言語の恣意性（非必然性）について、具体例を挙げて説明しなさい。

3　言語行動

　言語行動とは、言語を媒介にして、それを音声化したり文字化したりすることを通して、表現し理解する行動です。

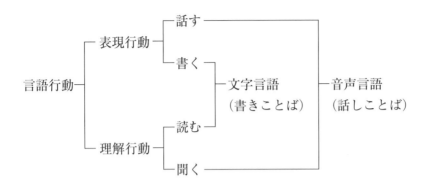

4　日本語とは

　日本語は、日本で古くから日本人によって話されてきたすべての言語です。

根幹的特徴（→Ⅱ・Ⅲ・Ⅳ・Ⅹ章参照）
　(1)　膠着語であり、主語が明示されないことが多い
　(2)　モーラ中心の開音節語であり、高さ（高低）アクセントを有する
　(3)　性・数・格などによる語形変化がなく、敬語がよく発達している

㊤㊥㊦㊧

日本語の根幹的特徴について、具体例を挙げて説明しなさい。

　(1)

　(2)

　(3)

Ⅱ 音声・音韻

(1) 音声と音韻

1. 音声

> 音声とは、人が言語コミュニケーションを行うために、音声器官を使って出すオト（音）である。

1-1 オトの分類

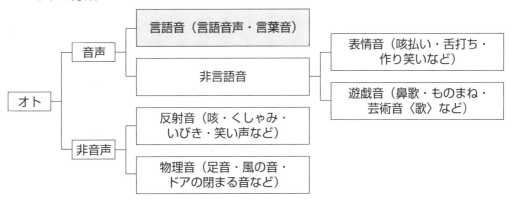

オトの分類（風間喜代三他『言語学』東京大学出版会　による）

　私たちの日常生活は、いろいろな音—雷の音、車のエンジン音、誰かのひそひそ声、赤ちゃんの泣き声など—にあふれています。音の中で、人が出す音はさまざまにありますが、ここでいう「音声」とは、「言語コミュニケーションを行うために、人間が自分の体の一部を使って出すオト（音）」（『国語学大辞典』より）のことです。「体の一部」とは、右の図のような音声器官を指します。音声学では「言語音」を中心に扱います。　以下、音声を表す場合は [　] で示します。

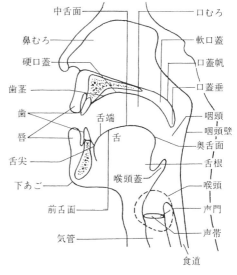

音声器官（風間喜代三他『言語学』東京大学出版会　による）

1-2 音声の特徴

私たちは全く同じ音を2回続けて発することはできません。例えば、元気よく言う「こんにちは」、ぞんざいに発音する「んちわ」、ささやくように言う「こんにちは」、どれも少しずつ異なっています。このように、音声は個別的で1回きりのものという特徴があります。

1-3 発展―音声学の種類

人がことばによってコミュニケーションを行うために発する音（音声）を研究する分野を「音声学」と言います。音声学にはいくつかの種類があります。

音声は、人が音声器官（→ 1.1）を使って発音し、それが振動として空気中を伝わり、相手に受け取られます。この過程を分けて、話し手がどのように音声器官を使って発音しているのかを分析する分野を「調音音声学」、また、実験器具を用いて、音が空気中をどのように伝わるのかを分析する分野を「音響音声学」、聞き手にどのように伝わるのか、聞き手がどのように音を認識するのかを分析する分野を「聴覚音声学」と言います。

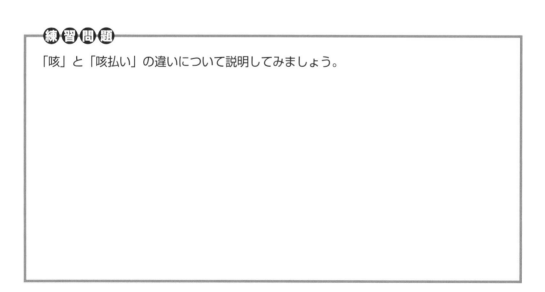

練習問題

「咳」と「咳払い」の違いについて説明してみましょう。

1-4 日本語の音声記号

子　音

調音法＼調音点		両唇音	歯(茎)音	歯茎ー硬口蓋音	硬口蓋音	両唇・軟口蓋音	軟口蓋音	口蓋垂音	声門音
鼻音	有声音	m	n	ɲ			ŋ	N	
破裂音	無声音	p	t				k		ʔ
	有声音	b	d				g		
弾き音	無声音		ɾ						
破擦音	無声音		ts	tʃ					
	有声音		dz	dʑ					
摩擦音	無声音	ɸ	s	ʃ	ç				h
	有声音		z	ʒ					
接近音	有声音				j	w			

鼻音　　[m] マ行の子音、[n] ナヌネノの子音、[ɲ] ニの子音、[ŋ] ガ行鼻音、
　　　　[N] 語末の撥音
破裂音　[p] パ行の子音、[t] タテトの子音、[k] カ行の子音、[ʔ] はっきりした音立て音、
　　　　[b] バ行の子音、[d] ダデトの子音、[g] ガ行の子音
弾き音　[ɾ] ラ行の子音
破擦音　[ts] ツの子音、[tʃ] チの子音、[dz] ヅの子音、[dʑ] ヂの子音
摩擦音　[ɸ] フの子音、[s] サスセソの子音、[ʃ] シの子音、[ç] ヒの子音、[h] ハヘホの子音
　　　　[z] ザズゼゾの子音、[ʒ] ジの子音
接近音　[j] ヤ行の子音、[w] ワ行の子音　　　（中村萬里『人とうまく話せますか』双文社出版を一部改編）

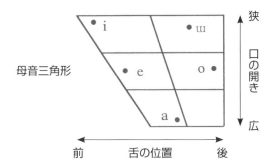

（国際音声学会編『国際音声記号ガイドブック』大修館書店を一部改編）

2. 音韻

> 音韻とは、社会で共有されている、意味的に区別のある抽象的な音である。

次に挙げる単語を発音してみましょう。
　　「さんば（三羽）」
　　「さんど（三度）」
　　「さんこ（三個）」

3つとも、「ん」が入っています。普段、私たちが会話をするとき、この3つの「ん」は同じものだと思っています。しかし、実はよくよく観察してみると、それぞれ異なった音であることがわかります。

　「さんば（三羽）」と言うときの「ん」は、唇を閉じて発音しています。「さんど（三度）」と言うときの「ん」は、舌を歯茎のあたりにつけて発音しています。「さんこ（三個）」のときには、唇は開き、舌の奥の方（軟口蓋）が盛り上がっています。

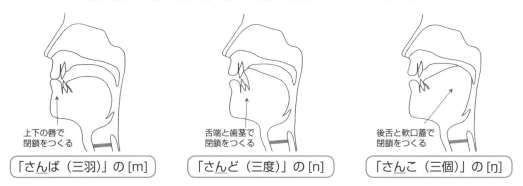

| 「さんば（三羽）」の [m] | 「さんど（三度）」の [n] | 「さんこ（三個）」の [ŋ] |

口腔断面図（斎藤純男『日本語音声学入門 改訂版』三省堂 を一部改編）

　私たちはこれらの3つの「ん」を区別せず、同じ1つの音（この場合は撥音「ン」を表す音）であると認識しています。音声としては異なりますが、音韻としては同じものなのです。このような、ある社会で共有される意味的に違いのある抽象的な音を「音韻（音素）」と呼びます。以下、音韻を表す場合には／／を用いることにします。

(2) 日本語の音韻

1. 日本語の音韻の数

次の語を見てください。

① { 開国 /kaikoku/　外国 /gaikoku/ }　② { 道具 /doRgu/　遠く /toRku/ }

①②のペアはそれぞれ、/k/ と /g/、/t/ と /d/ だけが違いますが、意味的には全く異なります。意味的な違いが現れるということは、日本語において /k/ と /g/、/t/ と /d/ はそれぞれ異なる音であると認識されているということです。

　このような区別する音の数は、言語によって異なります。日本語の意味的に区別のある音の数（音韻の数）は次の通りです。これらを組み合わせて日本語の音節が作られます。

母　音	a, i, u, e, o
子　音	k, s, t, h, r, g, z, d, b, p, n, m, ŋ
半母音	j, w
特殊音	撥音（N），促音（Q），長音（R）

2. 日本語の音節

「雨（アメ）」と発音したとき、「ア」と「メ」に分けて捉えることができます。このように「それ自身の中に何らの切れ目が感じられず、その前後に切れ目の感じられる音」を「音節」と呼びます。

日本語の音節は、子音＋母音、または母音のみの構造になっており、必ず母音で終わる開音節構造です。一方、英語を見てみると犬を指す場合は dog[dɔ́g] と発音され、最後が子音で終わっています。英語は、子音で終わる閉音節構造です。

　　　　　　日本語：犬 [inu]　　猫 [neko]
　　　　　　英　語：dog [dɔ́g]　cat [kǽt]

日本語の音節は次に挙げた 111 個です。

日本語の音節

子音的構造 \ 母音的構造		直音					拗音		
		-a	-i	-u	-e	-o	-ja	-ju	-jo
清音	子音零	ア	イ	ウ	エ	オ			
	k-	カ	キ	ク	ケ	コ	キャ	キュ	キョ
	s-	サ	シ	ス	セ	ソ	シャ	シュ	ショ
	t-	タ	チ	ツ	テ	ト	チャ	チュ	チョ
	n-	ナ	ニ	ヌ	ネ	ノ	ニャ	ニュ	ニョ
	h-	ハ	ヒ	フ	ヘ	ホ	ヒャ	ヒュ	ヒョ
	m-	マ	ミ	ム	メ	モ	ミャ	ミュ	ミョ
	j-	ヤ		ユ		ヨ			
	r-	ラ	リ	ル	レ	ロ	リャ	リュ	リョ
	w-	ワ							
濁音	g-	ガ	ギ	グ	ゲ	ゴ	ギャ	ギュ	ギョ
	z-	ザ	ジ	ズ	ゼ	ゾ	ジャ	ジュ	ジョ
	d-	ダ			デ	ド			
	b-	バ	ビ	ブ	ベ	ボ	ビャ	ビュ	ビョ
半濁音	p-	パ	ピ	プ	ペ	ポ	ピャ	ピュ	ピョ
ガ行鼻音	ŋ-	ガ	ギ	グ	ゲ	ゴ	ギャ	ギュ	ギョ
特殊音	撥音 N	ン							
	促音 Q	ッ							
	長音 R	ー							

（奥村三雄「音韻」『国語学概説』有精堂 所収 を改編）

日本語の音節は、おおよそ仮名と同じ数だけあります。ただし、ダ行のところを見ると、「ヂ」「ヅ」はありません。「ぢ」「づ」という仮名はあります。仮名の上では区別がありますが、それぞれザ行の「じ」「ず」と同じ発音で、音韻上の区別はありません（→Ⅱ-(4) 参照）。

また、「ヲ」についても、先に挙げた音節の表にはありません。助詞の「を」のみこの仮名を使いますが、実際の発音は「オ」と同じ発音です。これらの音には区別がないため、1つの音と捉えられます（→Ⅱ-(4) 参照）。

なお、外来語の場合、前頁以外の音が現れることがあります（例：ヴァイオリン・フィールド）。

> **練習問題**
>
> 「ミュ」という音節が用いられる和語は何でしょう。調べてみましょう。

3. モーラとシラブル

音を数える単位として、「モーラ」と「シラブル」の2つがあります。

「学校（ガッコー）」という語で考えてみましょう。「学校（ガッコー）」と発音するとき、「ガ」「ッ」「コ」「ー」は、それぞれほぼ同じ時間をかけて発音されます。この発音される時間の長さによる数え方の単位を「モーラ」といいます。撥音や促音や長音も1モーラと数えられます。

一方、シラブルとは、母音を中心とした「聞こえのまとまり」の単位です。撥音「ン」や促音「ッ」や長音「ー」は、独立性が低いため、1シラブルとは数えられず、直前の音節「ガ」や「コ」とともに1シラブルとして数えられます。

モーラ・シラブルの数え方

	モーラの数え方	シラブルの数え方
学校	ガ・ッ・コ・ウ	ガッ・コー
日本	ニ・ッ・ポ・ン	ニッ・ポン
博多っ子	ハ・カ・タ・ッ・コ	ハ・カ・タッ・コ

> **練習問題**
>
> 次の語をモーラとシラブルでそれぞれ数えてみましょう。
>
> （1）さくら（桜）　　　　　　　　（2）さくらもち（桜餅）
>
> （3）とうあん（答案）　　　　　　（4）とうあんようし（答案用紙）
>
> （5）しゅっぱつ（出発）　　　　　（6）しゅっぱつじかん（出発時間）
>
> （7）でんしゃ（電車）　　　　　　（8）にしてつでんしゃ（西鉄電車）
>
> （9）きゅうしゅう（九州）　　　　（10）きゅうしゅうだいがく（九州大学）
>
> （11）かいすいよく（海水浴）　　（12）かいすいよくじょう（海水浴場）

(3) アクセントとイントネーション

1. アクセント

> 個々の語句について、社会的慣習として決まっている相対的な際立たしさの配置。

アクセントには、高さアクセント（pitch accent、高低アクセント）と強さアクセント（stress accent、強弱アクセント）があります。日本語は高さアクセント、英語やドイツ語は強さアクセントです。

（傍線部は高音、ガは鼻濁音）　　　　　　　　　　　　　　　　　（○は強、○は弱）

・アクセントの機能

アクセントを機能面からみた場合、大きく２つの働きがあります。ひとつは、示差的機能—語の意味区別をする働きです。

　　ハシを（端）・ハシを（橋）通る　　　カキを（柿）・カキを（牡蠣）食べる

もうひとつは、統制的機能—語をまとめる働き（語と語の切れ目を示す働き—境界線的機能とも）です。

　　庭の子どももみんな行ってしまった
　　ニワノ・コドモモ・ミンナ・イッテシマッタ

●アクセントとイントネーションの違い

2. イントネーション

> 話し手の主観を直接的に表現する声の高低変化。

イントネーションは目的に合わせて、コミュニケーション手段としては非常に重要です。一般に、疑問の上昇、命令の下降は日本語のみならず諸外国語においても共通です。

　　　上昇調……問いかけ（疑問）・念押し・思いやりなど
　　　　　　例：ドコニ　ダレト　イッタンダ↗
　　　下降調……命令・断定・詰問など
　　　　　　例：ドコニ　ダレト　イッタンダ↘
　　　平　調……上昇調と下降調の中間（ことばがまだ続く感じ）

・イントネーションの表現効果
　上昇調
　　　「エリコチャン　ドウシタノ↗」　　「コンニチワ　ミナサン↗」
　　　「オナカイタイノ↗」　　　　　　　「キョウモ　イチニチゲンキデ↗」
　　　　　　　　　　　　　　　　　　　「ガンバリマショウ↗」

上昇調は場を明るく、相手を楽しい気分にさせて、思いやりの気持ちを含んでいます。

　下降調
　　　「コンニチワ　ミナサン↘」　　　　「ダレガ　ゼンブタベタンダ↘」
　　　「キョウモ　イチニチゲンキデ↘」
　　　「ガンバリマショウ↘」

下降調は威圧的で、命令や詰問など話し手の意志を強く押し付けます。

（4）音韻史

1. 母音
1-1 上代特殊仮名遣い
上代には次のような2種類の音の違いがありました。

　　a．恋（こひ）　→「古比」「故悲」「孤悲」
　　b．衣（ころも）→「己呂母」「去呂毛」「許呂毛」

「恋」の「コ」の音を表す場合には「古」「故」「孤」が使われ、「衣」の「コ」の音を表す場合には「己」「去」「許」が使われます。両者は混同することはありません。「キ・ヒ・ミ・ケ・ヘ・メ・コ・ソ・ト・ノ・モ・ヨ・ロ」とその濁音に書き分けがあります。

2種類の表記に混同がないことから、これらは音韻上の区別があったと考えられています。この2種類の音を、それぞれ「甲類」「乙類」と言います。この区別のことを「上代特殊仮名遣い」と言います。

1-2 ア行・ヤ行・ワ行の変遷

現代の五十音図には、ヤ行のエとワ行のエはありません。もともと、ヤ行・ワ行のエ音があったのですが、次のような合流が起こり、1つの音になりました。[ ]の中は音声記号です。

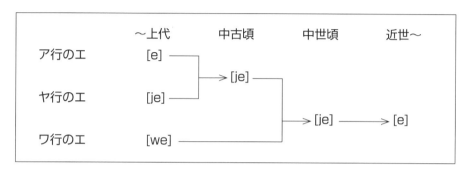

現代日本語（共通語）には「ヲ /wo/」という音韻は存在しません。仮名の「を」はありますが、実際の発音は「オ [o]」と発音します。古くは「ヲ [wo]」という音がありましたが、ワ行のヲとア行のオも次のような変化があり、合流しました。

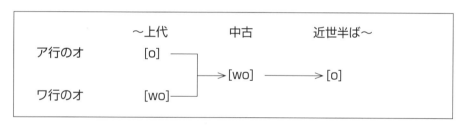

2. 子音
2-1 ハ行子音の変遷

ハ行の子音は、時代の流れとともに、次のような変化を起こしています。

	上代以前	中　古	中　世	近　世
語　頭	[p] または [ɸ]	[ɸ]	[ɸ]	[h]
語　中	[p] または [ɸ]	[ɸ]	[w]	[w]

まず、語頭のハ行音を見てみましょう。上代以前において、「春」は「パル」と発音されていましたが、中古には「ファル」と発音するようになり、近世になって現代と同じような「ハル」という発音になりました。これは「唇音退化（唇の緊張を緩める方向に変化して行く現象）」が原因で起こった変化です。

一方、語中のハ行音は、中古末まで「川（カファ）」という発音でしたが、中古末以降「カワ」というワ行音に変化しました。この現象を「ハ行転呼」と言います。

2-2 四つ仮名

「じ」と「ぢ」、「ず」と「づ」の4つの仮名を「四つ仮名」と呼びます。この4つの仮名は、現代日本語（共通語）では、それぞれ同じ音です。

　　「ぢ」＝「じ」
　　「づ」＝「ず」

しかし、それぞれ異なる仮名があることからわかるように、本来は異なる音を持っていました。

　　「富士（ふじ）」
　　「藤（ふぢ）」

　　「葛（くず）」
　　「屑（くづ）」

ところが、中世末頃から徐々に「じ」と「ぢ」、「ず」と「づ」の音の区別がなくなっていき、現代のように同じ発音になりました。

この発音の区別がなくなりつつあった近世期には、四つ仮名を書き分けるために、『蜆縮涼鼓集』（右上図版）という資料が出来ました。この資料が書かれたのは、四つ仮名の混同が大変多くなってきたためです。

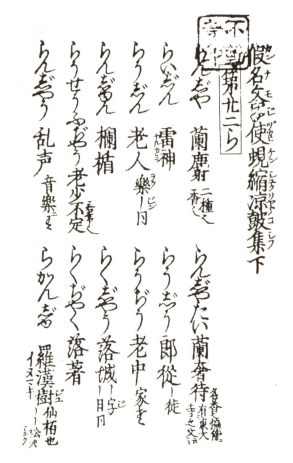

『蜆縮涼鼓集』

3. アクセント史

過去の時代の日本語アクセントを記した文献を比較すると時代的変遷が見られます。これをアクセント史と言います。

アクセント史を考える文献として、中古末期の『類聚名義抄』が挙げられます。これは漢字を配列し、それに和訓を注記した字書です。和訓の1つ1つの仮名に声点（アクセントを示す点）がつき、それがその単語のアクセントを表しています。アクセント資料としては、近世期の平家琵琶の譜本（『平曲正節』）などがあります。

品詞	二音節名詞				
類	第一類 ＝庭鳥(ニワトリ)類	第二類 ＝石川(イシカワ)類	第三類 ＝山犬(ヤマイヌ)類	第四類 ＝松笠(マツカサ)類	第五類 ＝猿聟(サルムコ)類
語彙	飴 梅 枝 顔 風 壁 酒 箱 庭 桃 牛 柿 霧 口 首 腰 鳥 水 道 虫 …	歌 音 型 川 鞍 寺 旗 胸 村 石 垣 紙 旅 夏 橋 昼 冬 町 雪 …	池 色 腕 神 髪 草 島 花 腹 山 足 犬 肩 靴 栗 月 年 波 種 耳 …	息 海 帯 隅 箸 今日 今朝 空 糸 稲 笠 今 針 松 麦 舟 …	雨 井戸 桶 蜘蛛 声 琴 鮒 窓 聲 秋 鮎 鯉 猿 鶴 露 春 蛇 …
京都アクセントの変遷					
中古末期	ニワ	イシ	ヤマ	マツガ	サルガ・
近世初期	ニワ	イシ	ヤマ	マツガ	サルガ・
現代	ニワ	イシ	ヤマ	マツガ	サルガ・

（注）傍線は高く発音される音節を、・点は高から低へ下降する音節を表す。

日本語アクセント類別語彙表（『国語学大辞典』を改編）

『類聚名義抄』

『平曲正節』

Ⅲ　文法

（1）文法とは

1. 文法

> 人がことばを適切なかたちに整え、適切に配列するルール。時代、社会によって変化していく。

　私たちは、話すときにも書くときにもメールを打つときにも、伝えようとする内容をまずことばで表します。そしてそのことばを適切なかたちに整えて、適切な並べ方で配列します。そのときにはたらくルールが文法です。

　文法のルールは、それぞれの時代の言語社会において定められ運用されます。同じ言語社会の構成員であれば、みんなが理解し受け容れ従うことになります。言語は社会性をもつものだからです。一方で言語は恣意性（非必然性）をもつので、言語のルールはその言語社会が自由に定めることができます。従って、文法もまた時代によって取り換えられて行くことになります。

2. 文法の単位

> 文法の単位：　形態素　語　文節　文

　文法は適切にことばを整え配列する規則ですが、ことばのどのレベルの要素を統轄するのでしょうか。いまことばの要素を小さな単位から見て行くと、言語の分節性にもとづいて二重分節された音素を最小のものとして、文にいたる単位を次のように順に並べることができます。

> ことばの単位：　①音素　②音節（拍）　③形態素　④語　⑤文節　⑥文

　これらの中で文法研究が対象として取り扱うのは、3から6までということになります。またさらに文法研究を、3・4を主として扱う形態論と、5・6を主として扱う構文論とに大きく2つの領域に分けることもできます。

> 形態論：　語を適切に形作る領域の研究。
> 構文論：　文を適切に形作る領域の研究。

3. 形態素と語

　形態素は意味上の最小の単位であり、形態素と語の関係はたとえば次のようになります。
　「金（かね）」（1形態素）　＋　「槌（つち）」（1形態素）　→　「金槌（かなづち）」（1語）
この場合「金槌」は2形態素で構成された1語であるということになります。1形態素で1語となっている場合もあれば、3つ以上の形態素が複合した語もあります。
　語は自立語と付属語に分けられます。自立語は単独で意味概念を持ち、付属語は文法上の役割を明確に示すために自立語に付着します。日本語のこうした性質は、膠着語と呼ばれる言語の持つ特徴です。

品詞の種類（学校文法）
　自立語：名詞・動詞・形容詞・形容動詞・副詞・連体詞・接続詞・感動詞
　付属語：助詞・助動詞

---

4. 文節と文

　自立語単独で、または自立語と付属語が連結して文節をつくります。文節は、主語・述語・修飾語といった文法的な役割・職能を具体的に果たす単位になります。文節が結びついて表現内容がひとつにまとまったものが文になります。

練習問題

「形容詞」、「形容動詞」それぞれの活用表を作ってみましょう。

---

(2) 口語文法と文語文法

1. 口語と文語

　口語と文語という用語は次のように、A・B2通りの意味で使われることがあります。

	口　語	文　語
A	現代語	古典語
B	その時代の話しことば	その時代の書きことば

　一般に中学校や高等学校の国語の授業などではAの意味で使われることが多いのですが、Bのような意味で使う場合もあります。

2. 口語と文語の特徴

> 話しことばは、個人的な対人関係配慮の表現が豊か。
> 書きことばは、より公的な性格が強く品位を重んじる傾向。

話しことばと書きことばとでは下表のような違いが観察されます。(以下は ①話しことばの特徴 ②書きことばの特徴)

項目	①話しことばの特徴	②書きことばの特徴
語彙の選択	くだけた平易な語を選んだり、硬くひきしまった語を選んだり、話し相手に応じて使い分けようとする。	くだけた表現はあまり使わないため、漢語など生硬な語を選ぶ傾向がある。
文の長さ	単文構造で基本的に短い。ただし文末が「～だけど」などの言いさし形式で終止されないまま、次の話題に引き続いて行くことも多い。	1文が長くなることが多い。
構文的配列	語句・文要素の繰り返しや臨時の挿入句などが入りやすい。文の首尾が整わないことも多い。	複文構造や重文構造など複雑な文構造を取ることも多く、倒置法などの技巧的修辞によって通常と異なる構文配列が採用されることがある。
感動詞・副詞・接続詞類の使用	多種多様で、かつ多用される。感情を豊かにあらわす感動詞・象徴詞類の使用が目立つ。	感動詞・象徴詞類の使用は控えめになる。
待遇表現・敬語の使用	話し相手に応じて気配りをし、敬語のレベルを細かく調整する傾向がある。「です・ます」文体が多い。	待遇表現が少ない。「だ・である」文体が多い。
文末表現・モダリティ表現	目の前の話し相手に対しては非常に気をつかい、終助詞などを多用しやすい。また、相手の反応を見ながら音調上の高低・強弱・空白などを盛んに調節して、話し手のモダリティ(表現意図)を効果的に伝える工夫をする。	「！」「？」「…」などの従来から見られる符号類以外に、近年では打ちことば的な絵文字・顔文字類が加えられることもある。改行、ゴチック体、斜字体などを表現上効果的に用いることもある。
誤用	言い間違いが起きやすく、訂正語句の挿入も頻繁に生じやすい。	下書きして点検できるので誤用は少なくなるが、思い込みによる文字表記のエラーを起こす可能性がある。
特殊な位相語・文体の使用	親しみを表したり人間関係を潤滑にしたりするために、俗語・若者語・方言などを効果的に使用することがある。	通常、全国共通語で書かれる。プライベートな手紙文では話しことばのように俗語・若者語・方言などを意図的に交えることもある。

3. 打ちことば

　近年の高度情報化社会化によるインターネットインフラの整備、パソコンの普及、ケータイ・スマートフォン等端末機器の技術革新にあわせて、人々の間には、話しことば、書きことばの2つの文体に加えて、新たに第3のことばが出現したと指摘されることがあります。例えば、従来の話しことばにも書きことばにも存在しないようなケータイ・メール文中の顔文字・絵文字・アニメーション文字（動く絵文字など）・AA（アスキーアート）等の頻繁な使用などが特徴的です。打ちことば、ネットことばとも呼ぶべきこの新たな言語の動向が語彙、文法、文字表記などさまざまな研究領域において注目されています。　（→Ⅵ・Ⅷ 参照）

（3）文法研究の流れ

1. 古代～近世の文法研究

1-1 中世のてにをは研究

　古代においては、語をいわゆる「詞」（自立語にあたる）と「辞」（「てにをは」とも。付属語にあたる）とに分ける2分類観が伝統的に存在しました。それらは中世の和歌・連歌の作法書等、実用重視の文法的記述のなかでよく見られます。

1-2 キリシタンによる文法研究

　西欧ラテン語文典を範とした日本語文典が中世末～近世初期に活動したキリシタンたちによって作られました。その成果として『ロドリゲス日本大文典』・『同小文典』などがあります。そこでは、語を10品詞に分類した組織的な記述が行われるなど、当代日本人の文法記述とは異なった独自の日本語研究の成果が示されています。

1-3 近世の文法研究

　近世の国学者においては、文献資料の用例に基づいて帰納的に言語を研究する科学的手法が重視されるようになりました。
　本居宣長は係り結びの法則について、係りと結びを一枚の表に整理した『てにをは紐鏡』を示し、八代集などの和歌資料を使って『詞玉緒』で詳細に説明しています。
　富士谷成章は人物服装になぞらえて語を「名・装・脚結・頭挿」に4分類する新たな方式を提唱し、近代以降の山田文法などに影響を与えました。成章の『あゆひ抄』では脚結に関して詳細な下位分類を施した分析が注目され、古典語の助詞助動詞を分析した記述には今なお研究上有用な指摘が含まれています。
　鈴木朖は『言語四種論』でまず体ノ詞、用ノ詞、辞と分けさらに用ノ詞を形状ノ詞、作用ノ詞と分けた4分類法を提唱し、後の時枝文法に影響を与えています。

1.4 西欧文法学の導入

　鶴峯戊申の『語学新書』においては西洋流の品詞分類が行われ、実体言・虚体言・代名言・連体言・活用言・形容言・接続言・指示言・感動言といった9種もの品詞を立て

るに至っています。

本居宣長『てにをは紐鏡』増補本（『本居宣長全集九』筑摩書房より）

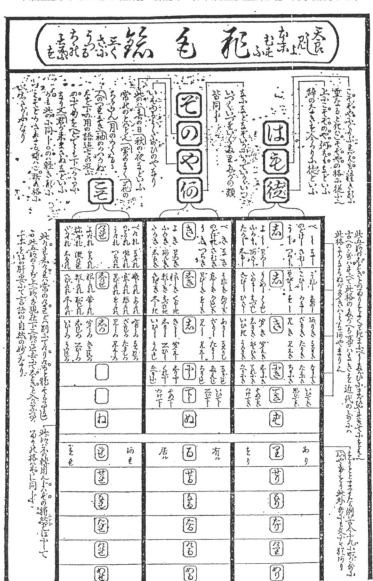

2. 近代以降の文法研究

　まず西洋文法の影響を受けつつ日本伝統の文法観と折衷させた大槻文彦『広日本文典』があり、「名詞」「動詞」などの現在用いられる品詞名が見られます。

　その後展開された山田孝雄、橋本進吉、時枝誠記、3人の文法学説を指して日本における「三大文法学説」と呼ぶことがあります。表現主体である人間の内面・精神面を重視する山田・時枝の学説に対して、言語の外形的・形式的な面を重んじる橋本文法が現在の学校文法に広く反映されています。

2-1 山田文法
　富士谷成章の4分類説の影響を受けたとも言われ、語を「体言・用言・副詞・助詞」の4種に分けました。文の末部には発言内容をまとめ上げる「陳述(ちんじゅつ)」という力が働くと説明し、人間内面の精神作用を重視する文法学説になっています。

2-2 橋本文法
　言語の形式面を重視した文法学説であり、現在教育現場で用いられる学校文法に多く採り入れられました。文を構成する重要な成分として「文節」に注目し、「実際の言語に於て、いつでも続けて発音せられる最も短い一区切であって、そのアクセントが一定している」と定義しています。語を「動詞・形容詞・名詞(名詞・代名詞・数詞)・副詞・連体詞・接続詞・感動詞・助動詞・助詞」に分類しました。

2-3 時枝文法
　時枝誠記は言語の形態面・形式面を重視するソシュールや橋本進吉の言語学説を批判し、人間内面の精神作用を重視して独自の「言語過程説」を主張しました。言語は単なる形式的な記号ではなく、人間の表現行為・理解行為のプロセスそのものであるとしています。

(4) 文法史

　古代語から近代語へと移行していく中世期を中心に、文法領域においても日本語にはさまざまな変化が生じました。

1. 係り結びの衰退
　古代語の特徴である係り結びの現象は平安時代に最も盛んであり、次の法則が見られました。

> ① 係助詞「ぞ・なむ・や・か」には活用語の連体形が呼応する。
> ② 係助詞「こそ」には活用語の已然形が呼応する。

　中世においては、和歌・連歌などの文語的表現のなかでこの係り受けの関係が特に意識され、たとえば「ぞるこそれおもひきやとははりやらむこれぞいつつのとまりなりける」といった俗歌が通用するなどしました。
　口語世界では、上記の法則の内、①の法則の衰退が院政鎌倉期から始まり、やや遅れて②の法則も衰えました。現代では、一部の慣用句「～でこそあれ」などにその痕跡が残るだけですが、琉球、大分などの諸方言において係り結びの痕跡的な文法現象を観察することもできます。

2. 動詞活用体系の変化

　動詞活用の型は古代において9種類ありましたが、現代においては5種類に整理・統合された体系となっています。この歴史的変化の中で目立つのが、「二段活用の一段化」と呼ばれる現象で、おおよそ中世から近世前期にかけて上二段活用・下二段活用の型が上一段活用・下一段活用に統合される変化が起きています。ナ行変格・ラ行変格の活用もまた、活用型でもっとも所属語数の多い五段活用に統合されました。

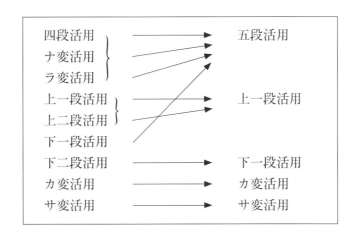

3. 一段活用のラ行五段化

　現代多くの方言で生じている「一段活用のラ行五段化」現象は、所属語数の多い五段活用へと統合される変化です。方言における展開と同時に、近年ではネット文体や若者のコミュニケーションの中でこのラ行五段化を遊戯的に採り入れている現象が観察されます。

　　（例）見ない・見ん　　→　　見らん

4. ら抜きことば

　可能表現において一段活用に接続する助動詞「られる」の「ら」が脱落する現象です。
　改まった場面では現在でも不適切な表現とされていますが、現実のコミュニケーション行動において若い世代ばかりでなく多くの人々に「ら抜き」表現が用いられることが増えています。
　「ら抜き」ことばは、可能動詞の語尾「-eru」を一段動詞の可能表現にも用いるようになったものです。
　言語体系の経済化・合理化の法則がここにも見られるわけです。（→Ⅷ 参照）

　　（例）食べられる　　→　　食べれる

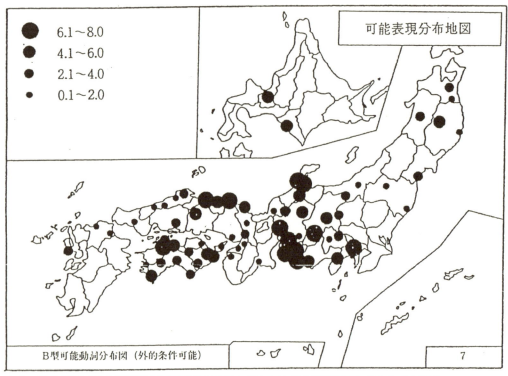

ら抜き地図　渋谷勝己

出典：渋谷勝己「日本語可能表現の諸相と発展」(『大阪大学文学部紀要』33-1, 1993)

5. 形容詞の語幹用法

　形容詞の語幹に長音や促音を添えて感動詞的に「さむー」や「さむっ」のように用いることが若い人を中心に増えています。こうした現象に伴って、形容詞の活用体系にも変化が見られるようになっているようです。

　例えば、「すごい」の音変化形「すげー」や「すげっ」が頻用されることで、本来の語幹である「すご」が「すげ」であるかのように活用形がそろえられ、「すげかろー」「すげかった」「すげくない」「すげい（こと）」のような使用が増えていくと、新しい形容詞として「すげい」というものを考えてもよいのではという見方も生まれてきます。

　また、本来動詞である「ちがう」があたかも形容詞のように「ちげー」・「ちげっ」と使われ出すことで、「ちげかろー」「ちげかった」「ちげくない」「ちげい（こと）」のように活用形をそろえていく動きもあるようです。やがては新しい形容詞として「ちげい」が派生したと認められるようになるのかも知れません。

練習問題

① 「キモい」のように、略語化して新たな形容詞語形を派生した例を挙げてみましょう。

② 「ナウい」のように、外来語から形容詞語形を派生した例を挙げてみましょう。

Ⅳ 敬語

（1）敬語の分類 -1

1. 敬語とは

> 相互尊重を基盤として、人間関係や場の状況に応じて自分の配慮を言語化して表現するもの。

　敬意表現のうち言語の形式をとったものが敬語です。敬語のルール原則にかなうことが要求される一方で、配慮・気づかいを強調するために敬語のルールをあえて逸脱させる技法なども見られます。

2. 敬語の分類法
　従来は「尊敬語」・「謙譲語」・「丁寧語」の３つに分類する考えが一般的でしたが、近年「敬語の指針」において、「尊敬語」・「謙譲語Ⅰ」・「謙譲語Ⅱ（丁重語）」・「丁寧語」・「美化語」の５つに分類する方針が示されました。

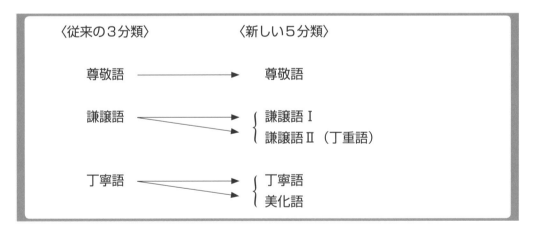

3. 尊敬語

> 尊敬すべき人やそれに属するもの・話題を敬う場合に用いる。

　例えば動詞部分を尊敬語形式で表現する場合、代表的な方式として次のものがあります。

> ① 尊敬の助動詞「れる・られる」をつける。　　（例）先生が行かれる。
> ② 「お～になる」形式にする。　　　　　　　　（例）先生がお行きになる。
> ③ 専用の尊敬動詞がある場合はそれを用いる。　（例）先生がいらっしゃる。

　このうち、若い世代では①の方式が便利であるために、すべてこれで済ませてしまおうとする傾向が強まっています。そのため、②やさらには尊敬専用動詞形がある場合にはそれを用いる③の方式の方が、より敬意を高めた印象を与えることがあります。

4. 謙譲語Ⅰ　…（「伺う・申し上げる」型）

> 自分側を低めて、相手側やそれに属するもの・話題を高める場合に用いる。

　例えば動詞部分を謙譲語形式で表現する場合、代表的な方式として次のものがあります。

> ① 「お～する」形式にする。　　　　　　（例）先生の予定をお聞きする。
> ② 「お～申し上げる」形式にする。　　　（例）先生の予定をお聞き申し上げる。
> ③ 専用の謙譲動詞がある場合はそれを用いる。（例）先生の予定をうかがう。

　これらについては、①よりも②の方がより自分側がへりくだった印象を与えますが、③の謙譲専用動詞形がある場合にはそれを用いることで、より相手に良い印象を与えることがあります。

（2）敬語の分類 -2

1. 謙譲語Ⅱ（丁重語）　…（「参る・申す」型）

> 目の前の聞き手に対して、丁重な配慮を示すとともに自分の品位を保つために用いる。通常、続けて「ます」を下に伴う。

具体例としては次のようなものです。
　　（例）先生、あちらからご予約のバスが参りました。
　　（例）お客様、あそこに見えるタワーをスカイツリーと申します。

> **練習問題**
>
> 次の2つの例文について、敬語の種類の違いを説明してみましょう。
> ①明日、先生の研究室に<u>参り</u>ます。
> ②明日から、ニューヨークに<u>参り</u>ます。

2. 丁寧語

> 話し手が聞き手に対して敬意・配慮を示すために用いる。文末の「です・ます」形式に代表される。

（例）これが話題の新商品<u>です</u>。
（例）それがお部屋のカギ<u>でございます</u>。
（例）あれがお探しの建物だと思い<u>ます</u>。

　もともと体言には「です」が続き、用言には「ます」が続くというルールがあります。しかし、近年若い世代に見られる俗語形式「っす」は、「です」とも「ます」ともとれる便利なものであり、体言であろうと用言であろうと下接して使えることで多用されているようです。一方、方言の中には「です」が用言にも続く体系となるものも見られ、言語上の経済化・合理化の法則の反映がこうしたところにも窺えます。

3. 美化語

> ことばを上品に見せるために用いる。
> 接頭辞の「お・ご」が代表的なもの。

もともと和語には「お」をつけ、漢語には「ご」をつけるといった大まかな使い分けがありますが、漢語の中でも日常語化し漢語意識が乏しくなったものなどは「お」をつけることも珍しくありません。近年では、外来語にも日常語化が進んだものに美化語の「お」をつける現象が見られるようになってきました。
　美化語の「お」は、男性よりも女性により多く用いられる傾向にあるようです。

> 「お・ご」の一般的な使い分け
> 　「お」＋和語（訓読み）…（例）<u>お</u>水、<u>お</u>年玉
> 　「ご」＋漢語（音読み）…（例）<u>ご</u>希望、<u>ご</u>心配

（3）敬語史

　古代において身分の上下にあわせて下位の者が上位の者に対する敬意・配慮が、言語の形となってあらわれた敬語形式が次第に発達したとされています。

1. 敬語各領域の発達
　歴史的には、まず尊敬語・謙譲語が発達したようで、上代の文献資料においてはこの２種類の敬語が見られました。次いで、中古期に聞き手・読み手に配慮する丁寧語が生まれ、丁重語と見るべきものも生じました。中世期には、美化語の代表的形式である接頭辞の「お」を用いた「お腹」などが、「女房詞」と呼ばれる語彙グループの中にも見られます。

2. 絶対敬語から相対敬語へ
　敬語の歴史を、古代は絶対敬語の性格が強く次第に相対敬語的性格へと切り替わっていったと見る考え方もあります。現代では、ソト側の聞き手に向けて自分側（ウチ側）の人物について取り上げる場合は低めて扱うといった相対敬語的性格が強く見られます。一方、方言の中には現在なおソト側の聞き手に向けて、自分の家族の年長者に尊敬語を用いるなど絶対敬語的な性格を残していると見られる現象が観察されます。

3. 敬語と社会
　敬語は、人間関係の上下を反映するものでもあるため、一面において身分制度、社会制度との関係が言語の他の領域に比べて色濃いという特質をもっています。
　封建的あるいはその名残が強い時代においては、敬語が社会的な儀礼・形式として強制され、逸脱すると権力上位者や集団からペナルティを受けることがありました。

戦後の一時期、敬語はそうした封建的な身分差別あるいは性差別につながるものとして家庭や教育現場から、自由平等な社会を阻害するものとみなされるような風潮もありました。

　しかし現在では、人間関係を潤滑にし、相互に敬意をはらうためにむしろ積極的に活用していくべきものとして敬語を肯定的にとらえることが提唱されています。敬語を窮屈なルールと考えるのではなく、人間関係に配慮することに長けた日本の伝統文化として活用していくことが求められています。

敬語動詞新旧対照表

通常形式	尊敬形式		謙譲形式	
	現代共通語	古代語例	現代共通語	古代語例
ある いる おる	いらっしゃる	いまそがり おはす おはします 御座る 御座ります	申しあげる	はべり さぶらふ
言う	おっしゃる	きこす のたまふ おほす		申す きこゆ きこえさす 奏す 啓す
行く 来る	いらっしゃる	おはす おはします 御座る 御座ります	うかがう お邪魔する お参りする	まかる まゐる まうづ 参ず
治める	お治めになる	しらす しら（ろ）しめす きこしめす		

（古橋信孝・鈴木泰・石井久雄『現古辞典』河出書房新社による）

Ⅴ　語彙・意味

（1）語彙とは

1. 語彙と語彙論
　語彙について研究する分野を語彙論と言います。では、語彙とはどのような概念でしょうか。

例「日本語の語彙」「源氏物語／夏目漱石（の作品）の語彙」
　「あの人の語彙は多い／少ない」…
　　　　　　　　↓
語彙：複数の（時には膨大な数の）単語の集まり
　　　さらに、「日本語」「あの人」「源氏物語」「夏目漱石（の作品）」
　　　　　　　　↓
　　　ある一定の範囲（言語・個人・作品など様々なものが認められる）
　　　の中で用いられる単語のまとまり

　　　　　　　　↓
その中で、1つ1つの語は決してばらばらに孤立して存在しているのではない
（あくまでも語彙の一員として、他の単語と何らかの関係を持ちつつ成り立っている）
　　　　　　　　↓
　　　　　この「関係」がどういうものなのかを探るのが語彙論である

2. 基本語彙・使用語彙・理解語彙

基本語彙… 語彙調査を様々なジャンルで行った場合、メディアや記事内容を問わず、まんべんなく高い頻度であらわれる語群（1000〜2000語とされる）
※基礎語彙（言語教育の面で特に基本的かつ重要とされる語群、基本語彙とは別）
使用語彙… 個人が自ら話したり書いたりして実際に用いる語群
理解語彙… 個人が実際に用いはしないものの、聞いたり読んだりしてその意味が分かる語群
　　　　　　　　使用語彙＜理解語彙
（共通語では、個人の理解語彙は約40000〜50000語、使用語彙はおおむねその3分の1ほどとされる）

3. 語彙の計量

> あるひとまとまりの文章について語数を数える場合…
> 延べ語数（同じ単語でもあらわれる毎に全て数えた時の語数）
> 異なり語数（同じ単語が何度あらわれても1語としか数えない時の語数）
> 語の使用率（ある単語のあらわれた回数を延べ語数で割ったもの－あるジャンルの文章によく用いられる重要語や、ある特定の文章のキーワードなどを客観的に定めることができる、とされる）

⇒「吾輩は猫である。名前は未だ無い。」の場合…
　助詞・助動詞も1語と数えれば、延べ語数は8、異なり語数は7（吾輩、は、猫、である、名前、未だ、無い）、「は」の使用率は2／8＝0.125となる

順位	A 新聞1紙1年分	B 雑誌九十種	C 高校教科書	D テレビ放送
1	一	する	する	ええ
2	二	いる	ある	はい
3	三	言う	一れる	うん
4	する	一	いる	あの
5	万	こと	なる	ああ
6	五	なる	こと	そう
7	〇	れる・られる	この	こと
8	日	二	的	する
9	いる	ある	よう	これ
10	ある	その	その	この
11	円	もの	よる（依）	それ
12	時	よう	いう	まあ
13	なる	十	もの	なる
14	十	三	年	言う
15	いう	この	一られる	よい
16	六	五	これ	ある
17	者	それ	これ	その
18	区	お	また	何
19	月	ない	社会	もう
20	年	来る	できる	おもう

A.『国立国語研究所報告37 電子計算機による新聞の語彙調査』
B.『国立国語研究所報告21 現代雑誌九十種の用語用字』(1)
C.『国立国語研究所報告76 高校教科書の語彙調査』
D.『国立国語研究所報告112 テレビ放送の語彙調査』による

各種語彙調査の高頻度語
（田中章夫「語彙研究の諸相」『朝倉日本語講座④語彙・意味』所収による）　⇒ワークシート

4. 語種

> 日本語の語種…本来語（固有語） ― 和語
> 　　　　　　借用語　　　　　 ― 漢語（字音語）・外来語
> 　　　　　　混種語（異なる語種が合わさったもの―「資源ごみ」「餡パン」
> 　　　　　　　など）

　※漢語とされるものの中に、純粋の借用語ではなく日本語にその起源を持つ、例えば「火事」「大根」などのような和製漢語があります。また、和製漢語の中でも「哲学」「野球」などを特に新漢語ということがあります。それぞれがいつ頃、どのようにして用いられるようになったか、例を集めて考えてみましょう。

和語・漢語・外来語の比率
（田中章夫『近代日本語の語彙と語法』
　東京堂出版より）

(A) 現代雑誌九十種の調査　和語 36.7%　漢語 47.5%　外来語 9.8　混種語 6.0
（異り語数＝30,331語）

(B) 児童読み物の調査　64.0%　29.7%　4.0　2.3
（異り語数＝3,767語）

(C) 高校教科書の調査　18.3　73.3　7.6　0.1
（異り語数＝12,448語）

A.（国立国語研究所報告25「現代雑誌九十種の用語用字（分析編）」、B. 野村雅昭・柳瀬智子「児童読物の語彙構造」計量国語学・12巻2号、C. 国立国語研究所報告81「高校教科書の語彙調査」による）

練習問題

次のテキストについて、①延べ語数②異なり語数③「出」（動詞「出る」の連用形）の使用率を計算してみましょう（※助詞・助動詞も、それぞれ1語と数える）。

（テキスト）月 が 出た 出た 月 が 出た 福岡 の 山 の 上 に 出た

　①延べ語数＝＿＿＿＿＿＿

　②異なり語数＝＿＿＿＿＿＿

　③「出」の使用率＝＿＿＿＿＿＿

今、あなたの身の回りにある品物の名前を、語種別に分類してみましょう。

(2) 語義

1. 語形と語義

　語彙を形作る、1つ1つの要素が単語です。単語は、私たちが現実の世界の物事である指示対象（必ずしも目に見えるものばかりとは限らず、例えば感情・感覚など目に見えない事柄をも含めて）を、1つ1つ切り取って名付けたものとも言えます。
　さて、単語は、いちおう次のような捉え方ができるでしょう。

- ・単語は独立して用いられる最小の単位である
- ・単語には必ず固有の－他の単語から区別される－形式（語形）がある
- ・単語には必ず固有の意味（語義）がある

　次に掲げる図は、指示対象と語形（形式）・語義（意味）との関係を示したものです。

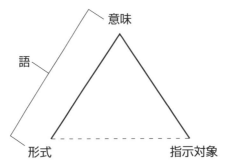

（伊坂淳一『ここからはじまる日本語学』ひつじ書房より）

　※指示対象と語形との間には必然的な関係はなく、恣意的な関係にあると言います（→Ⅰ参照）。ただし、例えば「犬が<u>ワン</u>と鳴く。」「猫が<u>ニャー</u>と鳴く。」などのオノマトペ（音象徴語）は、物理的な音をそのまま言語音にうつして表現しようとしているものであって、ある程度の関係が認められます。しかし、例えば英語では、犬は「バウワウ（bow-wow）」、猫は「ミュー（mew）」と鳴くことになっており、やはり「音そのまま」ではなく、あくまでも言語ごとの体系に従った表現にとどまる、と言うべきでしょう。

練習問題

オノマトペには、擬声語と擬態語とがあります。それぞれ、どのような特徴があるか、考えてみましょう。

2. 単語と形態素

単語よりさらに小さい単位に形態素があります。

> 形態素… 意味を持つ最小の単位

例「お箸」「お茶碗」という場合…それぞれ1単語
◎細かく分けると…「お＋箸」「お＋茶碗」（丁寧語〈美化語〉の「お」）が「箸」「茶碗」にかぶさっている
◎「お」は必ず他の語にかぶさってあらわれ、決して独立して用いられることがない
　⇒「お」は単語ではない
↓

> 「お箸」…「お」「箸」の2つの形態素、「お茶碗」は「お」「茶」「碗」の3つの形態素から成り立っている、ということになる

※「お」のようなものは接辞（この場合は、接辞の中でも接頭辞と呼ばれる）と言われています。接辞・形態素については「Ⅲ -（1）、次項「（3）語構成」も参照のこと。

3. 語義の分類

何らかの基準に基いて語義を分類してゆくと、類語やいわゆる対義語などのつながりを知ることができそうです。例えば、国立国語研究所による『分類語彙表』増補改訂版があり、これは約80000語を意味によって区分したものです。

```
            【1.10　事柄】                1.1010  こそあど・他

1.1000   事柄                              01    こ　これ　こちら　これら　これこれ　これ
                                                 しき
   01    者(もの)　の　分(ぶん)　やつ      02    そ　それ　そちら　それら　それしき
         -こ[椀～]                         03    か　あ　あれ　あちら　あれら　あれしき
   02    対象　物(もの)　物(ぶつ)　物件    04    どれ　どっち　どちら　いずれ
   03    事(こと)　事(じ)                        どれか　どちらか　いずれか
         事象　物象                        05    這般(しゃはん)
         事柄　事物　物事　事情　諸行(しょぎょう) 06   何(なに・なん)　何ら　何(なに)か・何(なん)か
         雑事　雑件　関心事　注目の的            何らか
         難物　難件　盤根錯節                    何事　何者　何事か　何かしら　何者か
   04    事項　条項　項目　アイテム　費目  07    前者　後者　他者
         項　前項　後項　別項　次項              方(ほう)　他方
         条　くだり(件)　件　本件　別件    08    何何(なになに)　どれどれ　何(なに)くれ
         前件　後件　与件　所与                              *
         例　凡例                          09    その他　その外　自余
   05    由(よし)　旨(むね)　儀　かど(廉)        エトセトラ　その他いろいろ
         その儀　その辺                          別　別様
         余の儀　余儀　別儀                      別個　別口
         他事　余事　別事
         別問題                           1.1030  真偽・是非
   06    一事　万事　百事　事事物物　諸事
         一式(いっしき)　諸式・諸色         01    真偽　真贋　真否　実否　黒白(こくびゃく)
         万端　万般　百般　諸般                  黒白(くろしろ)　白黒(しろくろ)
                                                 虚実　背理
```

（『分類語彙表 増補改訂版』「1 体の類　1.1 抽象的関係」より）

また、下に掲げるように、林　大氏はあたかも空の星のように語彙を一望できる語彙の図を考案し、様々な単語どうしの関連が良く分かるよう試みています（「語彙」〈『講座現代言語学Ⅱ ことばの体系』より）。

図1　星図になぞらえた語彙表（部分的試み）
語彙は主として『総合雑誌の用語』による。
円の大きさはほぼその使用率による（4等）太い線は見出しとなるべきものを示す。

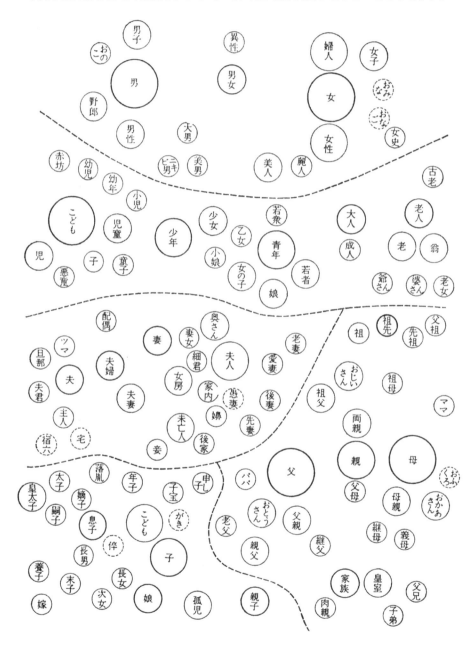

(3) 語構成

1. 語構成とは
　様々な単語はどのようにして造りだされ、またどのような構造を持っているでしょうか。

> 語構成… ①単語の造られ方（語形成〈造語法〉）
> 　　　　②単語の構造（語構造）

2. 単純語と合成語

> 単語 ― 単純語（もうこれ以上小さく分割できない語）　尾、手、足、水など
> 　　　　合成語（さらに小さく分割することのできる語）
> 　　　　　　　手足（手＋足）、水たまり（水＋たまり）、三十三間堂（いちおう、
> 　　　　　　　三十三間＋堂と分割できる）など

　※単純語の中には、歴史をさかのぼってみるとそもそも合成語であった例があります（例えば、「（酒の）肴」は、「さか（酒）」＋「な（菜）」と分割できた）。しかし、現代語の意識では「肴」はさらに小さく分割できるとは考えられず、やはり1語として扱うべきでしょう。

3. 合成語の語構造

> 合成語 ― 複合語（複数の語基から成り立つ）　箸袋（箸＋袋）など
> 　　　　　派生語（語基と接辞とから成り立つ）　お箸（お＋箸）など
>
> ※語基：単純語としても用いられる要素（意味の上で、単語の中心的な部分となる）
> ※接辞：単純語として用いることができない要素（語基と接することによってのみ、単語となることができる）

4. 複合語の構造
　複合語を形作る語基の間には、語構造の上で様々な関係が認められます。例えば、次に掲げるような構造が知られています。

4-1 統語的な構造　それぞれの語基の間に統語的（文法的）な関係が認められるもの。

統語的な構造の例（品詞は頭文字で示しました）
- 名 ＋ 名 → 名（春 - 風、雪 - 国）
- 名 ＋ 動 → 名（値 - 下げ、山 - 登り）
- 動 ＋ 動 → 名（食べ - 合わせ、走り - 書き）
- 形 ＋ 名 → 名（近 - 道、安 - 物）
- 形動 ＋ 名 → 名（臆病 - 風、おろか - 者）
- 副 ＋ 名 → 名（きらきら - 星、のろのろ - 運転）　など

4-2 並列的な構造　それぞれの語基が、対等の関係で結合しているもの。

並列的な構造の例
　それぞれの語基が…
　　・類義的な関係にある場合（尾 - ひれ、家 - 屋敷、跳び - 跳ねる）
　　・対義的な関係にある場合（親 - 子、天 - 地、あと - さき）

※**重複構造**　並列的な構造の一種と考えられますが、「神 - 々」「泣く - 泣く」「どろ - どろ」などと同じ語基を重ねるもので、「畳語」とも呼ばれています。

練習問題

上に示した分類の仕方で、複合語の例を ・統語的な構造 ・並列的な構造 それぞれの場合で、できるだけ多く挙げてみましょう。

---

5. 派生語の構造

日本語の接辞には接頭辞と接尾辞との2つが認められます。したがって、

派生語には、
　「接頭辞＋語基」　という形式と、
　「語基＋接尾辞」　という形式との2つのタイプがある

ということになります。

接頭辞・接尾辞の表す意義分野とその例
- 接頭辞… ①待遇性（お -、み -、御 -、…）
　　　　　②強調性（素(す) -〈手〉、スーパー -、…）
　　　　　③否定性（不 -、非 -、無 -、未 -、没 -、アンチ -、…）
　　　　　④副詞性（か -〈細い〉、け -〈だるい〉、…）　など
- 接尾辞… ①待遇性（- さん、- くん、- ちゃん、…）
　　　　　②複数性（- たち、- ども、- ら、…）
　　　　　③職業性（- 屋、- 業、- 士、…）
　　　　　④体言性（- さ、- み、- 性、…）
　　　　　⑤形容詞性（- っぽい、- がましい、…）
　　　　　⑥形容動詞性（- やか、- らか、- 的、…）
　　　　　⑦動詞性（- めく、- がる、…）　など

※もちろん、例えば「お荷物（お +〈荷 + 物〉）派生 複合」「恩着せがましい（〈恩 + 着せ〉複合 がましい）派生」などのように、複雑な合成の過程をもつ語も数多く認められます。

（4）語彙史と辞書

1. 語彙史の試み

　語彙の全体を見渡すことは難しく、また語彙はもともと音韻や文法のように組みあがった体系的なものではないため、語彙の歴史—語彙史を考えるのは難しいとされます。つまり、1語1語の歴史をたどり、それを何千、何万とまとめても、語彙史と呼べるものにはならないわけです。そこで、例えば身体語彙や親族語彙など、ある一定の範囲の中で、いわば体系を形作っている語群に注目して、それらの移り変わりを考えてゆく試みが行われています。その1つの例を見てみましょう。次頁に掲げる図表は、身体語彙の内それぞれの指の名称に注目して、上代から近現代までの変化を追ったものです（前田富棋(とみよし)『国語語彙史研究』参照）。

練習問題

次頁の図表から、どのようなことが指摘できるでしょうか。考えてみましょう。

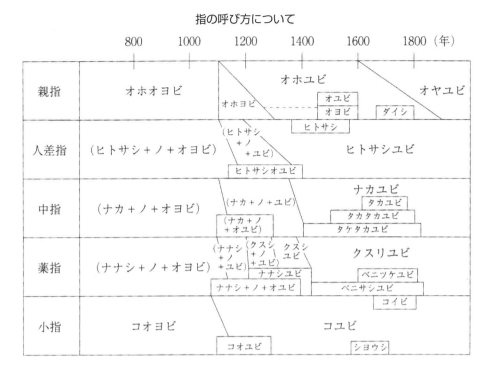

指の呼び方について

2. 語義変化・語形変化・語形成

　単語の中には、歴史を経てその意味・形式が変わってきた（語義変化・語形変化）ものも少なくありません。また、新しい単語が生まれることももちろんです（語形成〈造語法〉；大きく分けて新造語と既存の語の利用との2つが認められるが、現代語では、もっぱら既存の語の利用が行われる）。

　語義変化・語形変化・語形成は、それぞれいくつかの類型に分類できそうです。

2-1 語義変化の類型とその例

・拡大 − ①抽象化（山→物語の山　腕→腕の良い理髪師、…）
　　　　②共感覚（甘い→甘い生活　辛い→辛い批評　明るい→明るい性格、…）
　　　　③時間化（近い→近くは昭和○年、…　前→前の年　先→遠い先の話、…）
　　　　④一般化（坊主〈一坊の主→僧侶一般〉瀬戸物〈愛知・瀬戸産の陶器→
　　　　　　　　　陶器一般〉、…）

・縮小 −（幸せ〈巡り合わせ一般→良い巡り合わせ〉着物〈服装一般→和服〉
　　　　　花〈花一般→桜、…〉

・指示する物の交替 −（車〈人力車→自動車〉駅〈宿場→鉄道停車場〉、…）

・混同 −（鷹揚〈鷹が飛び上がるような勇猛なさま→ゆったりとして余裕のあるさま、
　　　　「大様」との混同〉、…）

> **練習問題**
> 左に示した意義変化の類型の例を、それぞれの場合でできるだけ多く挙げてみましょう。

2-2 語形変化の類型とその例

・音の交替 − ①音節交替（アラタシ〈新〉→アタラシ、…）
　　　　　　②母音交替（サブシ〈淋〉→サビシ　コマヌク〈拱〉→コマネク、…）
　　　　　　③子音交替（ケブリ〈煙〉→ケムリ　ミナ〈蜷〉→ニナ、…）
　　　　　　④撥音・促音が関わる交替（トイヤ〈問屋〉→トンヤ　ヲヒト〈夫〉→オット、…）

・音の添加 − ①子音添加（クヮンオン〈観音〉→クヮンノン、…）
　　　　　　②撥音添加（サザメク→サンザメク　カガミル〈鑑〉→カンガミル、…）
　　　　　　③促音添加（トクニ〈疾〉→トックニ　モトモ〈最〉→モットモ、…）
　　　　　　④長音添加（ヒキ〈引き；贔屓〉→ヒイキ　シカ〈詩歌〉→シイカ、…）

・音の脱落 − ①音節脱落（ハチス〈蓮〉→ハス　アララゲル〈荒〉→アラゲル、…）
　　　　　　②母音脱落（イダク〈抱〉→ダク　アライソ〈荒磯〉→アリソ、…）
　　　　　　③子音脱落（カキ〈櫂〉→カイ　ツキタチ〈朔日〉→ツイタチ、…）
　　　　　　④撥音脱落（コンブ〈昆布〉→コブ　ヒンガシ〈東〉→ヒガシ、…）

・音の融合 −　（ナガイキ〈長息〉→ナゲキ　、…トイヘリ〈と言へり〉→…テヘリ、…）

（沖森卓也編『日本語史』より「語彙史」などによる）

2-3 現代語の語形成（既存の語の利用）の類型とその例

・合成 −　（国家＋戦略＋担当＋大臣、子ども＋手当、…）

・混淆 −　（異なる単語がないまぜとなる：ヤブク〈＜ヤブル＋サク〉　トラマエル〈＜トラエル＋ツカマエル〉、…）

・借用 −　（いわゆる外来語の利用がこれに当たる）

・縮約 −　（語頭の省略−バイト〈アル-〉、語中の省略−警官〈-察-〉、語尾の省略−ケータイ〈-電話〉、それらの合成−ウナドン〈＜ウナギ＋ドンブリ〉　セクハラ〈＜セクシャル＋ハラスメント〉）

3. 辞書

　私たちが日常何気なく用いている辞書は、現在の形式になるまでにどのような移り変わりがあったのでしょうか。ここでは、日本語史の上で重要な辞書のいくつかを見ていきましょう。

3-1 和名類聚抄

　『和名類聚抄(わみょうるいじゅうしょう)』は、源順(みなもとのしたごう)が承平年間（931－938）にまとめ、醍醐天皇の皇女にたてまつった辞書で、早い時期の本格的辞書として著名です。内容は、中国古典の漢語を天地・人倫・形体など部門別に分け（意義分類体）、出典や語義を記すとともに、それらの和名（いわゆる訓読み）を万葉仮名で示すものです。

『和名類聚抄』の諸本（『国語史資料集』武蔵野書院より）

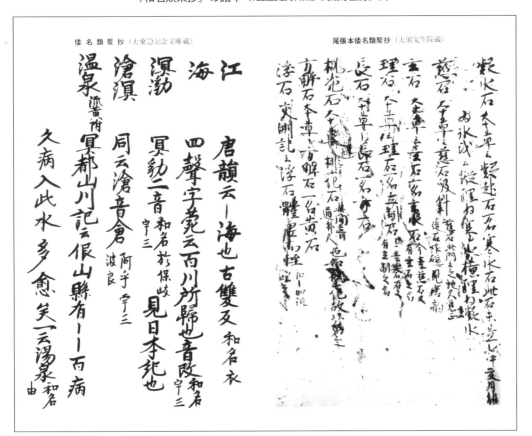

3-2 色葉字類抄

　『色葉字類抄(いろはじるいしょう)』は、橘忠兼(たちばなのただかね)が12世紀後半にまとめた辞書で、見出し語の配列基準が和語となっており、さらに、見出し語をまずイロハ順に47の部に分けたことで有名です（その上で、それぞれの部の中で意義分類を行うという方法をとる）。このイロハ順と意義分類体の組み合わせは、後の辞書の構成にも大きな影響を与えています。

前田本『色葉字類抄』(『国語史資料集』武蔵野書院より)

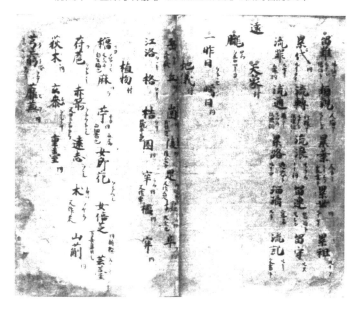

3-3 節用集

『節用集(せつようしゅう)』は、15世紀半ば頃にまとめられたと考えられる一種の通俗辞書で、『色葉字類抄』と同様な語の配列形式をとっています。時代が下るにつれて、文字通り当時の人々に日常的に用いられる様になりました。また、多くの改訂版や増補版が明治時代まで刊行され、「節用集」は「辞書」と同義語の、いわば一般名詞ともなっていました。

『古本節用集』の諸本(『国語史資料集』武蔵野書院より)

A 饅頭屋本節用集（東京教育大学図書館蔵）　　　C 易林本節用集（国会図書館蔵）

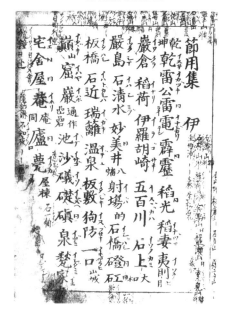

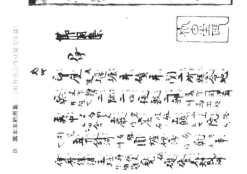

3-4 日葡辞書

　『日葡辞書』は、いわゆるキリシタンによる日本語学習・研究の成果であって、1603年に刊行されています。見出し語の配列は単純なアルファベット順で、ポルトガル語式のローマ字つづりで示され（これによって、当時の語形をある程度確かめることができるため、日本語史研究上の価値が高いとされる）、ポルトガル語による意味や用法の説明・記述がなされています。また、『節用集』に見えない語や方言などが収められていることからも、当時の言語生活を知る上で重要なものと言えます。

日葡辞書（オックスフォード大学ボードレー文庫蔵）

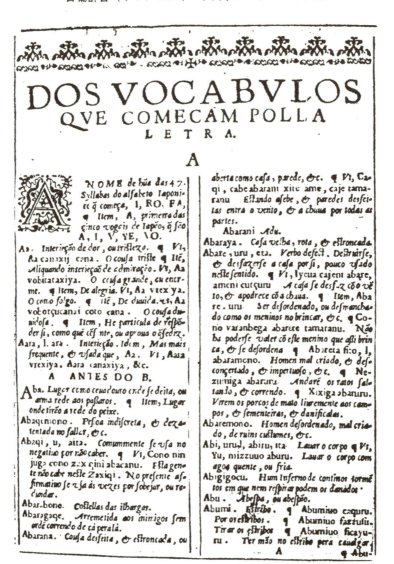

（『国語史資料集』武蔵野書院より）

3-5 言海

　『言海』は、大槻文彦によってまとめられ、明治24（1891）年に刊行されたもので、本邦初の本格的な国語辞書と言われています。約40000の見出し語を単純な五十音順に配列した上で、意味や用法の説明を加えていますが、用例を豊富に示していることや語の意味を（一）（二）（三）、…と区分して説明する方法など、現代の国語辞書が引き継いでいる点も多く、やはり画期的な辞書と言えるでしょう。なお、語源についての解釈が多いことでも有名です。

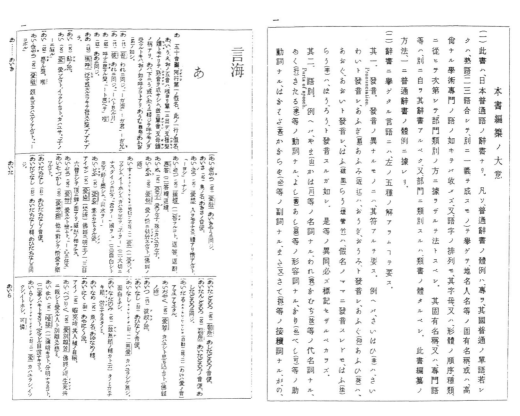

『言海』　沖森卓也編（『資料 日本語史』桜楓社より）

Ⅵ　文字・表記

（1）文字とは

1. 文字というもの

> 言葉を筆記・記録するために用いられる記号で、社会的に共有される体系をもつもの。

　言語の一部である文字もまた、社会集団によって共有される社会性を有するとともに恣意性（非必然性）を持つために時代によって変化していきます。

2. 文字の三要素

> 文字の三要素：　①形　　②音　　③義

　文字の三要素として、図形としての「形」、呼び名としての「音」、意味概念としての「義」、とがあります。

3. 文字の分類
　「義」が備わっている表意文字の代表は漢字です。例えば漢字は1字だけで意味的に1単語を表すことができるので表語文字とも呼ばれます。

	文字の種類	（例）	文字の三要素
表意文字（表語文字）	表意文字（表語文字）	漢字	形○・音○・義○
表音文字	（a）音節文字	平仮名・片仮名	形○・音○・義×
	（b）音素文字	ローマ字	形○・音○・義×

（2）日本の文字

> 日本語の文字体系　：　漢字　平仮名　片仮名　ローマ字　などを混用する体系。

日本語の文字体系は、中国から渡来した表意文字「漢字」（後に述べる「国字」を含む）と日本で漢字を独自に表音文字として作り出した「平仮名」・「片仮名」を巧みに組み合わせたものです。

　そのほかにもアラビア数字、ローマ数字なども外国から取り入れ、近年では音素文字「ローマ字」の混用も増えています。

1. 漢字の分類

> 漢字は古代中国で生まれ、日本に渡来した。
> 後に日本国内でも漢字に倣って「国字」が作られた。

　漢字は古代中国において、「甲骨文」、「金文」、「篆書」、「隷書」と進展して行きました。「隷書」からさらに、「行書」、「草書」、「楷書」の書体も生まれました。

> 六書 ： ①象形 ②指事 ③形声 ④会意 ⑤転注 ⑥仮借

　後漢の許慎は『説文解字』において、漢字の「六書」と呼ばれる分類について詳しく説明しています。このうち漢字の造字法の基本となるものは、①・②・③・④の4つになります。

2. 部首

> 部首 ： ①偏（へん） ②旁（ぼう(つくり)） ③冠（かん(かんむり)） ④脚（きゃく(あし)） ⑤構（かまえ） ⑥垂（たれ） ⑦繞（にょう） など

　『説文解字』における部首による漢字の分類・配列の原理は、後世の辞書類の漢字配列の基準として広く採用されるようになりました。日本の漢和辞書にも用いられています。

3. 漢字のよみ

> 字音（音）： 中国語原音を日本語音韻体系に合うように調整した漢字の発音。中国から伝わり日本語に受け容れた時期に応じて、古い順に「呉音」、「漢音」、「唐音（宋音）」などに分けられる。

> 字訓（訓）： 漢字と意味が近い和語との結びつきが強まって行き、固定的なよみ方となったもの。2字以上の漢字が1つの訓と対応する「熟字訓」も見られる。

4. 国字

> 日本で独自に作り出された「国字」 ： 「峠」・「畑」・「働」など

　中国渡来の漢字に倣って、日本国内で独自に作られ広く用いられるようになったものです。

　「国字」のほとんどは「字訓」のみを持ちますが、「字音」まで有している場合もあります。

> **練習問題**
>
> 六書のうち、①象形　②指事　③形声　④会意　の例を挙げてみましょう。
>
>
> 漢字「行」の呉音よみ、漢音よみ、唐音よみを挙げてみましょう。
>
>
> 「熟字訓」と呼ばれるものの例を挙げてみましょう。

（3）仮名遣い

1. 仮名遣いとは

　表音文字である平仮名・片仮名は本来文字表記のとおりに発音されるものなのですが、時代とともに起こる音韻変化のために、仮名による表記と実際の発音がずれていくことがあります。

　例えば、中古において生じたハ行転呼音の現象によって「おもふ」の発音がもともとの「オモフ」ではなく「オモウ」となった場合に、仮名で表記する上で「おもふ」と伝統的表記を守ろうとする人もいれば、発音どおりに表音的表記で「おもう」と書く人も出てきてしまいます。

　こうして生じる音と仮名表記のずれ・混乱に対して、仮名表記上の社会的な規範ルールを定めようとするものが「仮名遣い」です。

> ①伝統表記的仮名遣い：（例）実際の発音とずれていても「おもふ」と表記する。
> ②表音表記的仮名遣い：（例）実際の発音どおりに「おもう」と表記する。

2. 仮名遣いの歴史

2-1 定家仮名遣い

　中古末から中世初に歌人・古典研究家として活躍した藤原定家は、『下官集』において伝統表記的な仮名遣いを示しました。この仮名遣いは、行阿の『仮名文字遣』に受け継がれるなどして「定家仮名遣い」と称されながら、中世から近世にかけて一部の人たちに重んじられました。

2-2 契沖仮名遣い（歴史的仮名遣い）

　近世になると国学者である契沖が『和字正濫抄』において、『仮名文字遣』を批判しました。行阿が挙げた仮名遣いの用例は中古半ば以降のすでに仮名表記の乱れたものが多かったのに対し、契沖はより古い時代の文献資料の用例を検討することでその誤りを指摘しました。契沖の仮名遣いは、国学者の賀茂真淵・本居宣長らにも高く評価され、「歴史的仮名遣い」とも呼ばれて戦前まで伝統表記的仮名遣いの規範としての地位を保ちました。

2-3 現代仮名遣い

　戦後の国語改革政策のなかで、表音表記的仮名遣いを原則とした「現代仮名遣い」が国語審議会の答申によって定められ、教科書・報道メディア等によって社会的に広まり定着しています。ただし、「現代仮名遣い」は一部に伝統的な仮名遣いを例外として混在させており、完全に表音的なものではありません。

【「現代仮名遣い」における表音表記的な原則からはずれた伝統表記的な例外】
①助詞「は・へ・を」
②連濁・連呼で生じる「ぢ・づ」（例）はなぢ　みかづき　ちぢむ　つづく
③オ段長音は原則「う」表記だが歴史的仮名遣いが「ほ・を」であれば「お」と表記する
　　（例）とおる（通る：歴史的仮名遣い「とほる」）
　　（例）とおか（十日：歴史的仮名遣い「とをか」）

---

3. 新しい文字・記号文化

　高度情報化社会の進展につれて、パソコン、ケータイ、スマートフォンなどの情報端末を介した電子的コミュニケーションが盛んになってきました。若年層を中心に見られるさまざまな「文字遊び」とも言える現象が、日本語文字文化の変化を促進しています。

---

①情報端末電子機器による文字処理能力代替 → 個人の文字表現における負担軽減
②自在な文字活用・文字遊び → 文字のおもちゃ化・アクセサリー化
③絵文字・アニメーション文字・顔文字・AA
　　　　　　　　　　→ 新たな文字・記号類の文字体系への参入

> **練習問題**
>
> 平成22年の改定常用漢字表で新たに追加された漢字にはどのようなものがあるか、また追加された理由なども調べてみましょう。

（4）文字史

1. 上代まで

　古来日本には文字はなく、中国で生み出された漢字が日本にもたらされた初めての文字ということになります。後漢の光武帝が与えたとされる「漢委奴国王」の金印は日本への漢字渡来を示す貴重な遺物であり、江戸時代に福岡県志賀島で発見されました。

　なお、江戸時代の学者平田篤胤（ひらたあつたね）が『神字日文伝（かんなひふみでん）』で示した「日文」など、漢字伝来以前の古代日本に固有の文字いわゆる神代文字（じんだいもじ）があったとする説も唱えられたことがありますが、科学的な証拠は見つかっていません。

「漢委奴國王」印

平田篤胤
『神字日文伝』より「日文」

　奈良時代になると、漢字を表音文字として使う「万葉仮名」としての用法が日本語を表記するために利用されました。『万葉集』に多くその例が見られますが、現代においても地名・人名など固有名詞の漢字表記には漢字を表音文字として利用したものが見られます。

2. 中古

　僧侶・男性貴族の漢文学習の場などでは、限られた紙面空間に文字情報を速く小さく書き込むために漢字の一部を略用した片仮名が使われるようになりました。一方、漢字をくずし書きした平仮名が女性貴族を中心に手紙・和歌・日記などの実用的な場面や、物語類の創作活動などに用いられました。

	平仮名	片仮名
由来	漢字一文字全体をくずしたもの	漢字の一部を略用したもの
別称	くずし字　変体仮名　おんな手	略体仮名
使用者	女性貴族中心	僧侶・男性貴族中心
用途	和歌　手紙　物語	漢文訓読　漢文学習

『金光明最勝王経音義』付載音図：五十音図・いろはうた

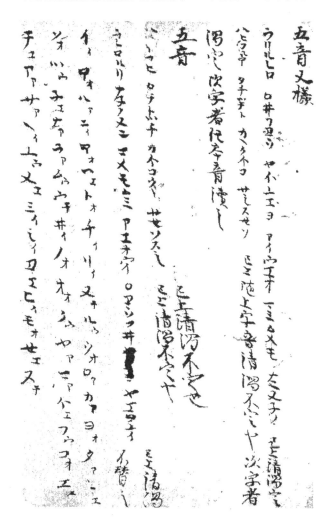

3. 中世・近世

中世末期にキリシタンがローマ字・ローマ数字といった西洋の文字を日本にもたらしました。

近世には、寺子屋などにおける文字学習や出版文化の発達などによって識字人口が増えて行きました。また一部の日本人においては、ロシア語などより多様な外国語の文字にふれる機会も増え、例えばロシアで活動した薩摩出身の漂流民ゴンザはキリル文字による日本語－ロシア語の対訳資料を残しています。

ゴンザ, A・ボグダーノフ『日本語会話入門』
(九州大学文系図書館蔵)

4. 近代・現代

近代になると漢字の使用を制限しようという主張や極端な漢字廃止論も見られましたが、戦後になって昭和21年に当用漢字1850字、昭和56年に常用漢字1945字、平成22年改定常用漢字2136字と、内閣告示によって漢字使用の目安が示されています。

高度情報化社会において個人が手軽に携帯できるようになった情報端末中の電子辞書が漢字記憶・変換処理等の負担を大幅に軽減したことが、今後の漢字政策を大きく変えるものとなりそうです。

Ⅶ 文章・文体

（1）文章とは

1. 文章
　私たちの接する文章の内容やスタイルは様々であって、大変幅が広いといえます。しかし、すべての文章を通じ、いわば定義として、次に掲げる点が認められるでしょう。

> ・文章は言語表現の最大の単位である－単語から句、さらに文へと言語表現の単位は大きくなってゆくが、その最大のものが文章となる
> ・文章はそれだけで表現主体の伝達意図が完結するまとまりである－表現主体（書き手）は、「読み手に何かを伝えたい」という意図（伝達意図）をもって文章を書くわけであるが、その文章は必ず始めと終わりとを持つ１つのまとまりとなる。このまとまりが、受容主体（読み手）に読まれることによって「伝えたい何か」がきちんと伝わらなければならない

※上の「表現主体の伝達意図を完結させる」ということからすれば、文章の長さは必ずしも問題ではありません。例えば近代の俳句など、１句のみであっても立派な文章の１つと考えることができます。
※また、上の点から、文章は１つ以上の文からなる、ということも導かれるでしょう。

2. 文章論
　文章について研究する分野を文章論といいます。文章論では、次に掲げるような視点から、様々な文章をある程度区別・分類して、それぞれの特徴を探ることが行われます。

> 文章の分類基準
> ①性格（実用的文章か、芸術的文章か）
> ②様式（韻文か、散文か、文語文か、口語文か）（→Ⅲ-（2）参照）
> ③対象（読み手が自己か、他者か－他者の内特定の他者か、不特定の他者か）
> ④目的（備忘などの日常的情報〈日記・メモ〉か、何らかの指示・要求〈要望書・建白書〉か、知識・思想などの知的情報〈辞書の記述・論説文〉か、事実の報告〈ニュース・レポート〉か、文学的表現〈詩歌・小説〉か、など）

　このような視点を基に文章を分類すると、例えば次に掲げる図表のようになるでしょう。

書き手の立場から考えた文の種類　（『日本語百科大辞典』大修館書店より）

対象	目的	内容	文の種類
他者	知らせる（伝える）（教える）	事実を 考えを 知識を	報告　レポート（ルポルタージュ） 感想文　評論　論文　意見文 説明文（説明書）　解説
	求める	行動を 回答を	要望書　陳情文　建白書 質問状
自己	考えをまとめる		メモ　雑記　（随筆）
	書き残しておく		記録　日記　紀行文　（契約書）

3. 談話

　文章は、いうまでもなく文字による言語表現です。ところで最近では、例えばひとくさりの会話のような音声による言語表現をも、文章と合わせて意味のあるひとまとまり（テクスト）と考える立場が一般的になりつつあります。この場合、音声による言語表現は談話と呼ばれ、文章での文に当たるものは発話と呼ばれます。確かに、談話にも文章と同じ様に、多くの場合発話の連なりがあり、また文脈があるため、その形式や構造を探ることも行われています。

　※ただし、文章の表現～受容が「書き手→読み手」の一方通行であるのに対し、一般に談話での表現～受容は、表現主体（話し手）と受容主体（聞き手）とが、その立場をひんぱんに入れ替わりながら進められる（「話し手⇔聞き手」）という点で異なり、注意が必要です。また、話しことばという性質上、談話はそれがなされる「場」（時刻、場所、周囲の雰囲気など）に依存する部分が多いわけです。それに対して、文章は比較的に「場」に依存することが少ないという性格を持っており、やはり考えに入れておくべきでしょう。

(2) 文体とは

1. 文体と文体論

　「文体」という語は、日本語学では以下のように考えられるでしょう。

> 文体 － 文章を読んで理解する際の印象－イメージ
>   （例えば「この文章は硬い」「くだけた感じがする」「読みやすい」「読みにくい」など）
> ・文体についての研究 － 文体論

※人の話し方からも、やはりあるイメージ－印象を受けることがあります。こちらも文体と呼んだり、また話体などとも呼ばれたりします。

2. 類型的文体論と個別的文体論

> 類型的文体論…多くの文章に認められる共通点・類型を見出す
>   （例「明治の文体」「小説の文体」「和文体」「漢文訓読文体」）
> 個別的文体論…ある特定の作家・作品などに認められる個別性・独自性を見出す
>   （例「西鶴の文体」「『坊っちゃん』の文体」「『金閣寺』の文体」）

↓

○共通点や個別性（これらを総合して文体的特徴という）を明らかにするには？
⇒ 様々な文体指標（以下参照）について目的の文章を計量的に調べ、他の文章と比較対照することによる

練習問題
> 談話についても、類型的・個別的の分類はできるでしょうか。考えてみましょう。

3. 類型的文体論

> 類型的文体論の立場… 文章は何らかの文体的特徴を基に、共通点を持ったいくつかの類型に分けることができる
>   ⇒ 文体指標に注目することで、客観的な分類ができそうである

文体分類の際、注目される文体指標には次の①～⑤のようなものがあります。

①音数律（韻文体・散文体）…例えば「7・5調」の定型詩などのように、文章に定まった拍数があるかどうかによる
②文法（文語体・口語体）……文章が、文語文法・口語文法という異なる文法体系のどちらを用いて書かれているかによる

③表記様式(正格漢文体・変体〈和化〉漢文体・漢字片仮名交じり文体・漢字平仮名交じり文体など)…
　　文章の、いわゆる「字面」に注目するもので、文字体系をどの様に用い、あるいは交えているかによる(※20世紀前半頃まで手紙の文体の主流であった「候（そうろう）文体」《次頁(3)文体史》も、表記様式に注目した分類の1つに数えることが出来るかもしれない)
④語彙(和文体・漢文訓読体・和漢混淆文体)…
　　文章が、和文語・漢文訓読語という異なる性格の語彙をどの様に用い、あるいは交えて書かれているかによる
⑤文末表現(いわゆる常体〈である・だ体〉、敬体〈です・ます・でございます体〉)…
　　文章が、内部の各文末にどの様な待遇表現を用いているかによる(※先に触れた「候文体」も、もちろん文末表現に注目した分類の1つと言えよう)

練習問題

「である体」と「だ体」、また「です体」と「でございます体」とは、それぞれどのような印象－イメージの違いがあるでしょうか。考えてみましょう。

---

4. 個別的文体論

個別的文体論の立場… 文章の1つ1つは何らかの文体的特徴を基に、その独自性を明らかにすることができる
　　　⇒ 注目した文体指標を計量し、他と比較することで、客観的な説明ができそうである

　計量的に調べる場合、注目される文体指標には下の①～⑧のようなものがあります。

①文章構成(まとまった段落はあるのか、段落同士のつながりはどうか？
　　　　　　　　　　　　　⇒文の「緊密さ・ゆるやかさ」)
②文の長さ(文字数、音節数は？　⇒文の「息の長・短」)
③文頭(接続表現の多い少ないは？　⇒文間の「飛躍の大・小」)
④文末(現在形止め、体言止め、倒置、モダリティ表現などの多い少ないは？
　　　　　　　　　　　　　⇒文章の「リズム」「緊張感」「臨場感」「叙情性」)
⑤品詞の割合(例えば形容詞・形容動詞の多い少ないは？　⇒文章の「叙事性・叙情性」)
⑥語句の表記(漢字・片仮名・平仮名・ローマ字の多い少ないは？
　　　　　　　　　　　　　⇒文章の「硬さ・軟らかさ」「エキゾチックさ」)

⑦語句の選択（漢語・和語・外来語の割合や古語・新語、方言、俗語などの出現は？

⇒文章の「硬さ・軟らかさ」「古風さ・新しさ」

「中央語性・地域性」「上品さ・気取りのなさ」）

⑧色彩語や比喩（色を表す表現や、直喩・隠喩の多い・少ないは？

⇒文章の「視覚性」「華やかさ」「連想性・感覚の喚起性」）

（3）文体史

　文章はどのように書かれ、また移り変わってきたのでしょうか。ここでは、主として類型的文体論の立場から各時代の文体的特徴を見てゆきます。

1. 上代
①正格漢文（古典中国語文）体（『日本書紀』など）
②変体（和化）漢文（必ずしも古典中国語の文法に従わず、和習〈日本語的な要素〉が認められる）体（『古事記』など）
③宣命書（活用語尾や助詞・助動詞を小書きする表記様式）
④万葉仮名文（『正倉院万葉仮名文書』、『万葉集』など）

『正倉院万葉仮名文書』（『資料と解説 日本文章表現史』和泉書院より）

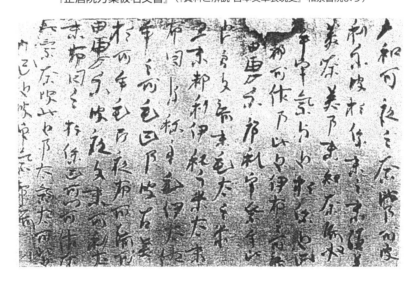

2. 中古
①記録体（変体漢文体の利用）（貴族の日記など）
②仮名の成立―和文体（平安女流文学作品の数々、後世に文章の１つの模範となる－中世以降模倣され、擬古文とよばれる）

③和文体と漢文訓読文体との文体的対立

訓読語／和文語の文体的対立（一部、築島裕『平安時代語新論』東京大学出版会による）

> 助動詞・接尾語の類……ゴトシ―やうなり　シム―す・さす（使役）　ザル―ぬ（打消、連体修飾法）
> 接続詞……カルガユエニ・カレ・ココヲモテ・コノユエニ・コレニヨリテ・コレヲモテ・シカレバ・ユエニ・ユエヲモテ―されば　シカウシテ―さて　シカルニ・シカルヲ―されど・さはあれど
> 陳述副詞……アニ―など　アヘテ―え（…ず）　カツテ―つゆ（…ず）　イマダ―まだ
> 程度副詞……スコブル・ハナハダ―いみじく・いたく・いと　ホボ―おほかた　マスマス―いとど・いよいよ
> 情態副詞……アラカジメ―かねて　アルイハ―あるは　イマシ―いま　ことごとく―すべて
> 所謂形容動詞語幹……イルカセ―なほざり　オゴソカ―いかめし　オダヒカ―おだし　スコシキ―すこし・わづか　スミヤカ―はやし・とし
> 動詞……アタハズ（不能）―え…ず・…あへず　イキドホル―むつかる　イコフ―やすむ
> 形容詞……イサギヨシ―きよらなり・うるはし　イソガハシ―いそがし　ハナハダシ―いみじ
> 名詞……オバシマ―こうらん（勾欄）　トモガラ―ひとびと　カウベ―かしら・みぐし　スナ―いさご　マナコ―め（目）　ユビ―および　など
>
> （片仮名：漢文訓読語、平仮名：和文語）

3. 中世
①候文体（変体漢文の一種；手紙の類型として用いられる）（『庭訓往来(ていきんおうらい)』など）
②和漢混淆文体（和文的表現と漢文訓読的表現とが交え用いられた文体；「和語と漢語とが…」ではない）（『平家物語』、『方丈記』など）
③片仮名主体の文章表記（僧侶の文章など）

練習問題

次の『方丈記』を、私たちが用いている現代の片仮名に書き直してみましょう。

『庭訓往来』（内閣文庫蔵本）（『国語史資料集』武蔵野書院より）

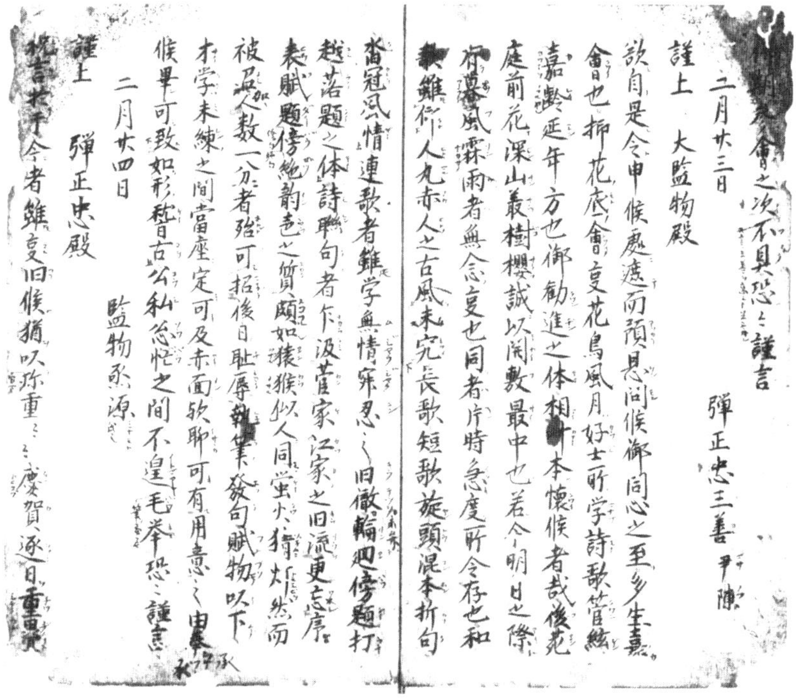

『方丈記』（大福光寺蔵本）『国語史資料集』武蔵野書院より）

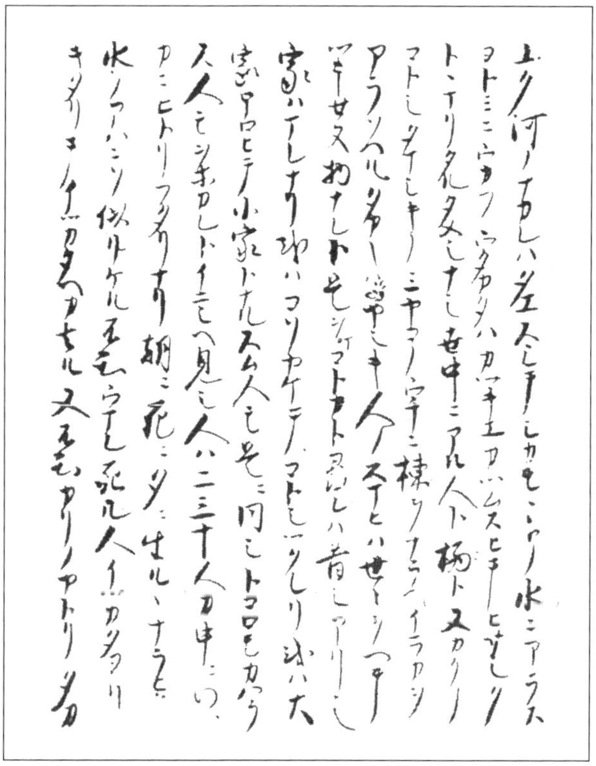

4. 近世
①前代までの様々な文体が、用途に応じて用いられる
②俗文芸の世界では、会話が生々しく描写される

『浮世風呂』(『資料と解説 日本文章表現史』和泉書院より)

5. 近・現代
①漢文訓読文体を基にした普通文が広く用いられる
②「欧文翻訳語法」の表現が行われる(「…するや否や」、非情の受身文など)
③明治中期、書きことばを話しことばに近づけようとする試み(言文一致運動)が盛んとなる
④第2次世界大戦後、文語文体の文章は稀になる
⑤欧米語の影響が大きくなり、現代の文章は「和漢洋混淆口語文体」などと呼ばれる
⑥パソコンや携帯電話など、いわゆる「打ちことば」の存在が明らかになりつつある(→Ⅲ-(2)、Ⅲ-(4)、Ⅵ-(4)、Ⅷ 参照)

言文一致の文体より 『浮雲』(『国語史資料集』武蔵野書院より)

「其通り品格がないから嫌ひ
「また始まったヘン跳馬ちやアあるまいし萬古に品
々も五月蠅い
「だって人間は品格が第一でモワ
「ヘンそんなお人柄なら羨込みのれでんなんぞを
喰度といはないかと
「ヂヤ何時私かろんな事と言ました
「ハイ一昨日の晩いひました
「嘘ばつかし
トハ言ッたが大にへおむだので大笑ひとなる不圖お
政は交三の方を振向いて

八十四

「アノ今日出懸けに母親さんの所から郵便が着たッ
けがお落掌か
「ア眞に然うでしたッけ薩張忘却てゐました……エ
ー母からも此度は別段お手紙を差上げませんが宜
しく申上げろと申ことで
「ハアさうですか其れは母親さんは何時も
お異なそつたあとも無くッて
「ハイ陸さま丈夫だごうで
それはマア何よりの事た瞳今年の暮を樂しみにし
ておよこしなすつたらう子
ハイ指ばかり屈て居ると申てよおしましたが……

八十五

Ⅷ 言語生活

（1）言語生活とは

> 言語生活とは、人の生活における言語行動全般のことである。

「言語生活」には、大きく分けて、次の4つがあります。

　　　「話すこと」「聞くこと」
　　　「読むこと」「書くこと」

　言語活動は、ことばそのものだけでなく、必ず聞き手や話し手の関係、心情、場面や話題、媒体など、さまざまな要素が関係して行われます。それぞれの要素によって、どのような言語活動が行われるかが変わってきます。

　また、直接対面して会話をするのか、メールでやりとりをするのかといった違いによっても、そのコミュニケーションのあり方は変わってきます。通信メディアやマスメディアの発達も、言語生活に大きく関わる要素となっています。

> **練習問題**
> 近年、携帯やスマートフォンなどの発達により、「打ちことば」が現れました。「打ちことば」特有の表現にどんなものがあるか、具体的な例を挙げてみましょう。

（2）言語生活史と社会言語学

1. 言語生活史とは

> 言語生活史とは、人の言語活動の歴史のことである。

　言語生活史は、ことばの歴史だけでなく、民俗史や文化史とも関連します。

言語生活の歴史

文字言語以前
話す
聞く
―
―
―

文字の流入 →

古代～近代	現代
話す	話す
聞く	聞く
読む	読む
書く	書く
―	（打つ）

古代
特定の相手に向けた コミュニケーション
身分差の激しい社会

メディアの発達
社会構造の変化 →

近・現代
不特定多数に向けた コミュニケーション
身分差のない社会

　「話す」「聞く」は世界中ほとんどすべての人間が行う行為です。一方、「書く」「読む」といった文字言語に関する行為は、文字を持つ言語に特有の行為です。日本語には、本来、固有の文字がありませんでした。中国から漢字を受け入れ、それによって「読む」「書く」という行為が一部の知識人によってなされるようになりました。

　さらに、近年はメディアの発達により、メールによる「打ちことば」も出てきました。社会制度や技術の発達により、言語生活も歴史とともに変化していきます。

2. 社会言語学とは

> 社会言語学とは、ことばによるコミュニケーションを、社会のいろいろな側面と関連させて捉えようとするものである。
> 「位相」とは、性差、世代差、言語の使用する場面の違い、所属集団の異なりによることばの違いのことである。

　社会言語学では、語彙や文法、音そのものだけを取り上げるのではなく、「だれが」「だれに」「どこで」「どんな気持ちで」ことばを使っているのかを含めて取り上げます。

2-1 世代差

　位相の中で重要なものとして、世代差が挙げられます。これは、年齢層によることばの違いを差します。

　次のグラフを見てください。これは、世代ごとの「ら抜きことば」の使用についてまとめたものです（文化庁 22 年度調査）。

(4) 見られた／見れた

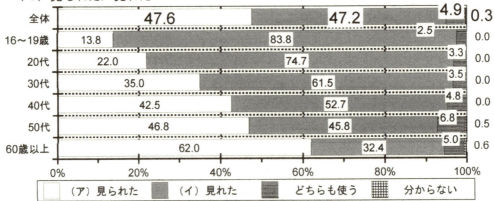

```
練習問題
```
上のグラフから、どんなことが読み取れるでしょうか。考えてみましょう。

2-2 男女差

　明治時代以降、小さくなってきていますが、ことばの上での男女の違いは日本語の1つの特徴です。次の例を見てください。

　　〈女性〉　　　　　　　　　　〈男性〉
　　「明日は雨だ<u>わ</u>」　　　　　「明日は雨だ<u>な</u>」
　　「知らない<u>わ</u>」　　　　　　「知らない<u>よ</u>（<u>ぞ</u>）」

　文の意味は同じですが、文末の「わ」「よ」「ぞ」などで話し手が男性であるか女性であるかがわかります。また、比較的女性の方が敬語や婉曲表現を多用するとも言われています。

2-3 場面差

　場面が異なっていることで、同じ内容でも異なったことばづかいをすることが多々あります。次の例文のようなものです。

　◇開店時間について聞かれて
　　　〈くだけた場面〉　　　　　〈改まった場面〉
　　　「7時まで<u>だよ</u>。」　　　「7時まで<u>でございます</u>。」

2-4 集団語

特定の社会集団、あるいは特定の専門分野において使用される特徴的な語彙や表現形式を指します。(a) は、仕事の必要上、あるいは効率性を求めて作られることばです。一方 (b) は、その集団内での秘密の保持や心理的結束のために使われます。

🅟🅡🅐🅒🅣🅘🅒🅔

言語生活における男女差について考えてみましょう。

IX 方言

（1）方言と共通語

1. 方言とは

> 方言とは、ある地域で話される言語の体系である。

　日本には各地にそれぞれ豊かな方言があり、私たちはそれを使って日常のコミュニケーションを行っています。方言と言うと、共通語とは異なるかたちをしたことば、訛ったことばと言うイメージを持っている人も多いかもしれません。たとえば、東北では「かかと（踵）」のことを「アクト」と言い、近畿地方では「キビス」、九州では多くの地域が「アド」と言います。確かに、これらの語彙も方言ではあるのですが、厳密に言うと、共通語とは異なる語彙のみを指す場合は「俚言（里言）」と言います。

　一方、厳密な意味で「方言」という場合は、その地域で話されることば全体（言語体系）を指します。したがって、異なる語彙だけでなく共通語と同じかたちをした語彙も含まれます。

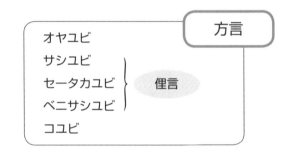

　たとえば、長野県中部の「指」の名称と共通語を比較してみましょう。

　「オヤユビ」「コユビ」は、共通語と同じかたちをしていますが、この方言で親指のことを「オヤユビ」としか言わないならば、「オヤユビ」も方言ということになります。

　方言は、その地域で話される言語体系ですので、語彙だけでなく、文法、音声・音韻なども含みます。

方言と俚言、及び共通語との関係

2. 共通語、標準語とは

> 共通語とは、異なる方言間においてコミュニケーションを行うためのことばである。全国共通語と地域共通語がある。

2-1 全国共通語

　方言に対して「共通語（全国共通語）」と呼ばれることばがあります。これは、異なる方言を話す人々の間でコミュニケーションを行うためのことばで、全国どの地域でもお互いに理解可能なものです。これは、東京方言を土台にして出来ています。

2-2 地域共通語

　全国では共通ではないものの、特定の地域においては共通語のように使われることばを「地域共通語」と言います。「気付かない方言」（地元では標準語と思われている方言形）も含まれます。例えば、鹿児島方言のあいづち表現「ダカラヨー」や博多方言の「運動会がアッテイル」なども気づかない方言です。

2-3 標準語とは

　「共通語」と同じような意味で「標準語」という言葉が使われることがあります。標準語とは、「国として制定された規範的な言語」で、明治時代に東京の山の手周辺の教養層のことばを元に作られた規範的なことばです。

　右表は、方言と共通語、標準語の特徴をまとめたものです。

	地域的	人工的
方言	○	×
共通語	×	×
標準語	×	○

柴田武「方言・共通語・標準語」
『日本語学』による

（2）方言区画

> 方言区画とは、さまざまな言語現象をもとに、日本各地の方言をグループ分けしたものである。

　日本語が、地域によっていくつかのグループに分かれるとき、どこからどこまでが同じグループに属する方言なのか区分したものを「方言区画」と言います。

　これは、各地に見られる音韻体系や文法、アクセント、語彙などの言語現象をもとに、方言をグループ分けしたものです。代表的なものとして次のような方言区画案があります。

東條 操(とうじょうみさお)の分類

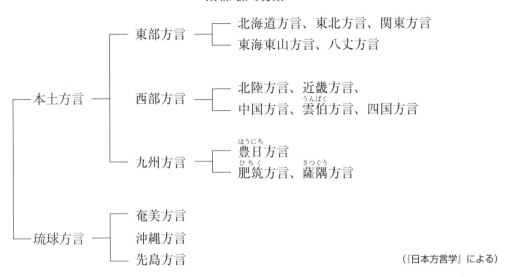

（『日本方言学』による）

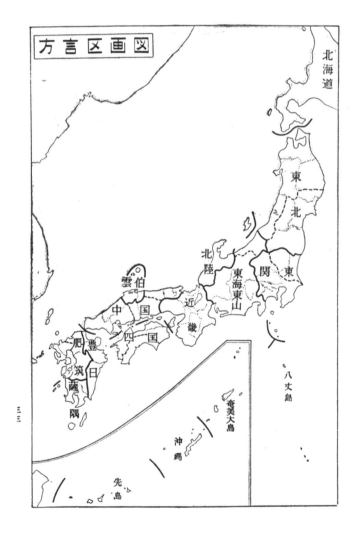

方言区画には、いろいろな説があり、他にも次のような区画案もあります。

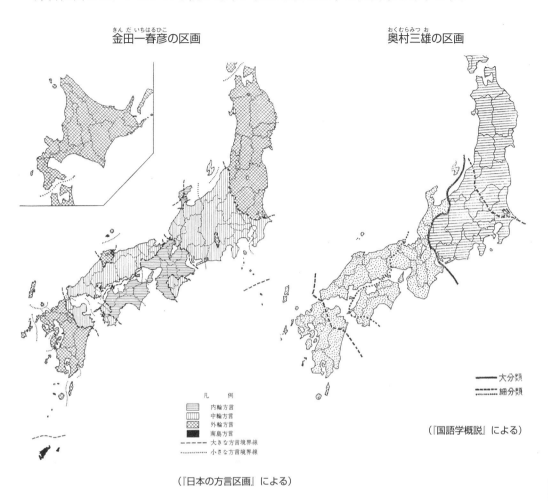

(『日本の方言区画』による)

(『国語学概説』による)

　日本語の最も大きな境界線は、琉球方言と本土方言の間にあります。琉球方言は、かなり早い時期に本土方言と分かれ、日本語の古い形を残しつつ、独自に変化してきました。そのため、本土方言とは大きく異なる音韻体系や文法体系をもっています。
　本土方言の中で最も大きな境界線は、静岡県の浜名湖と新潟県の糸魚川を結ぶ線の周辺です。これが西日本方言と東日本方言を分ける境目になっています。
　東西方言の語法による方言区画のポイントは、次の通りです。

	西日本方言	東日本方言
ハ行四段動詞の音便	オモータ（思うた）	オモッタ（思った）
動詞の命令形	セイ、セー	シロ
形容詞の音便	シローナル（白うなる）	シロクナル（白くなる）
否定	〜ン	〜ナイ
断定辞	〜ジャ・〜ヤ	〜ダ

(3) 比較方言学と方言地理学

1. 比較方言学

> 比較方言学は、同一のグループに属する方言同士を比較し、その相違点や類似点から日本語祖語を明らかにし、それぞれの方言がどのような変化を起こして現在の姿に至ったのかを追求する分野である。

比較方言学は、音韻変化などの規則的な変化を重視します。そのため、特に、音声やアクセント、語形についての歴史が対象になります。

具体例として、日本語アクセントの変化を見てみましょう。

	アクセント型の対応
京都方言	1／23／4／5
東京方言	1／23／45
鹿児島方言	12／345
宮崎方言	12345

1類（庭、鳥）
2類（石、川）
3類（山、犬）
4類（松、笠）
5類（猿、聟）

京都方言と東京方言では1類と2類が区別されますが、鹿児島方言、宮崎方言では区別がありません。一方、京都方言では2類と3類の区別がありませんが、鹿児島方言では区別されています。

区別のあるものがなくなっていくという変化が自然です。方言アクセントの型の統合の仕方に対応が見られることから、かつての日本語には5つの型の区別があったということがわかります。そして、どのように型が統合していったのか、その方言のアクセントの歴史を見てとることができます。

2. 方言地理学

> 方言地理学とは、ことばの地理的分布から、ことばの変化の歴史を明らかにしようとする分野である。

ことばが伝播していく場合、一般に文化の中心地など、文化的な力の大きい地域から小さい地域へと受け継がれていきます。そして伝播した言葉は、また隣の地域へ受け継がれていきます。その一方で、中心地ではまた新たな言葉が生まれます。それを繰り返していくと、文化の中心地を中央にして、同心円状になったことばの層が現れます。こういった伝播の仕方を「方言周圏論」と呼びます。

柳田国男は、全国の「かたつむり」の呼び名を集め、どのように分布しているのかを調べました。次のページの図は、それをさらに詳しく調べたものです。これは各地の

方言における「かたつむり」の語形を地図にしたものです。こういった地図を「言語地図」と言います。

　一般に、東北地方と九州地方という遠く離れた地域で、偶然同じかたちのことばが生まれることはあまりありません。これは、かつて文化の中心地であった近畿地方から、同心円状に言葉が伝播していったと考えるのが妥当でしょう。この近畿地方から東北・九州までの語の分布が、中央語における「かたつむり」という語の歴史的変遷を示しており、それと同時に、1つの地域でどのような語の入れ替わりがあったのかを示しています。

時代：	古　──────────────→　新
語形：	ナメクジ　　ツブリ　　カタツムリ　　デデムシ

（4）方言史

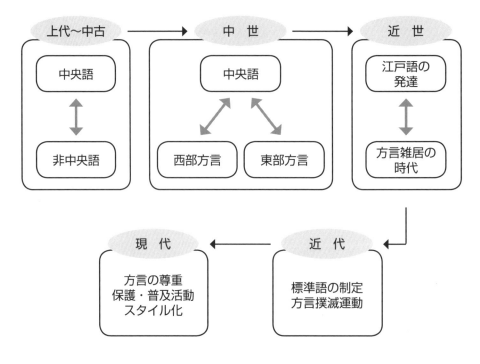

　ことばが地域によって異なるという意識は、はるか昔からあったようです。ここでは、方言に対する意識の歴史をおさえましょう。

1. 上代〜中古（平安時代）

　上代〜中古において、方言として文献に見えるのは、多くが東国と呼ばれる地域のことばです。『万葉集』には、東歌という東国の人々が詠んだ歌が、当時の中央（近畿地方）のことばで詠まれた歌とは別の巻にまとめられています。これは、当時の中央のことばとは異なるものと捉えられていたしるしであると言われています（平山(1983)）。

　また、平安時代中期の『拾遺和歌集』には「あづまにて養はれたる人の子はしたゞみてこそ物は言ひけれ（＝東国で養育された子女は、訛って物を言うことだ）」（『新日本古典文学大系』）という和歌が詠まれています。実際の発音はわかりませんが、やはり都のことばとは異なるものとして捉えられています。平安時代以降、地方のことばは嘲笑の対象として捉えられていたようです。

　また、貴族以外のことばも異なるものとして蔑視されていました。『枕草子』では、田植えをする女性が「郭公（ほととぎす）、おれ、かやつよ（＝郭公、きさま、きゃつよ）」と歌う場面があります。この歌に対して、清少納言は「郭公をいとなめううたふ聞くにぞ心憂き（＝郭公のことをひどくぶしつけにうたうのを聞くのは、全く不愉快だ）」と評しています。

2. 中世（鎌倉・室町時代）

　中世に入ると、東国のことばだけでなく、九州方言もわずかながら文献に現れます。中世末期にキリシタンが日本語を集めて作った『日葡辞書』には、「Ximo（下）」のことばと注記をした上で九州方言などが採録されています。

　キリシタンたちは、「都」のことばを最も典雅なものとしてそれを習得するように努めていました。その一方で方言にも注意を払って記録していますが、これは、方言を使わないよう注意しておくためでした。

　例）・京へ筑紫に板東さ。
　　　・'三河'（Micaua）から日本の涯にいたるまでの'東'（Figaxi）の地方では、一般に物言ひが荒く、鋭くて、多くの音節を呑み込んで発音しない。又これらの地方の人々の相互の間でなければ理解されない、この地方独特で粗野な語が沢山ある。

（土井忠生『ロドリゲス日本大文典』三省堂）

3. 近世（江戸時代）

　江戸時代に入ると、政治や経済の中心は江戸に移ります。日本の中心になった江戸は、各地から人々が集まり、江戸の町は方言雑居の状態になります。その中で、江戸時代を通じて江戸の共通語と呼べるものが生まれていきます。

　江戸時代には、方言集もいくらか編まれるようになります。下の資料は、1775年に成立した『物類称呼』と言う、全国の俚言を集めた最初の方言集です。下の箇所では「河童」のことを各地で何と呼ぶかについて記しています。

越谷吾山『物類称呼』

4. 近代～現代

　明治に入り、日本政府は統一国家としての近代日本を作るために、統一言語を必要としました。そうして制定されたのが標準語です。その後、全国で標準語化を推し進めた結果、日本のどこへ行ってもことばが通じるようになる一方、伝統的な方言は徐々に衰退していきました。

　近代までの方言に対する評価は、共通語や中央語に比べて低いものでしたが、現代では方言を尊重する動きが出てきています。方言で書かれた出版物や、方言が用いられた商品も出てきました。各地で方言を残そうとする運動も起こっています。このように、伝統的な方言が私たちの文化を反映する大切なものと認識されるようになりました。

練習問題

①共通語の長所と短所について、それぞれ考えてみましょう。

②方言の長所と短所について、それぞれ考えてみましょう。

X 系統

1 系統論と比較言語学

ある言語の起源や、他言語との類縁関係を研究する分野を系統論といいます。系統論には、比較言語学の考え方に基いた客観的な態度が求められます。

系統論の方法
　　　　　ある言語（A）と他言語との共通点を集めて分析
　　　　　　　　　　　　　↓
⇒ 親族関係にある他言語（B）を見つける（この場合、AとBとは同じ語族に属するという）
⇒ 共通の祖語（ABの元となったと想定される言語）を設定

比較言語学では、言語どうしの親族関係を証明する条件として、次に挙げる、

・文法項目と形態素との基本構造が一致すること（例えば、形容詞の比較変化の形式）
・基本的な語彙において、音韻対応が認められること（例えば、〈父〉〈母〉〈目〉〈手〉〈山〉〈海〉〈一〉〈二〉など）

が、ともに成り立たねばならないとされています。

2 日本語の系統

ところで、日本語と親族関係にあるような他言語は明らかではなく、今までのところ、

<u>日本語の系統は不明である</u>

と言わざるを得ません。日本語の系統論は、早く19世紀にその研究が始められたとされ、現在まで様々な見方が示されています。その中で、日本語はユーラシア大陸に広く分布するウラル・アルタイ語族に属するという説がよく知られており、また最も有力であるとされます。なぜでしょうか。

世界の語族地図 (出典：D. Crystal, *The Cambridge Encyclopedia of Language*, second edition, Cambridge

風間喜代三他『言語学 第2版』東京大学出版会より

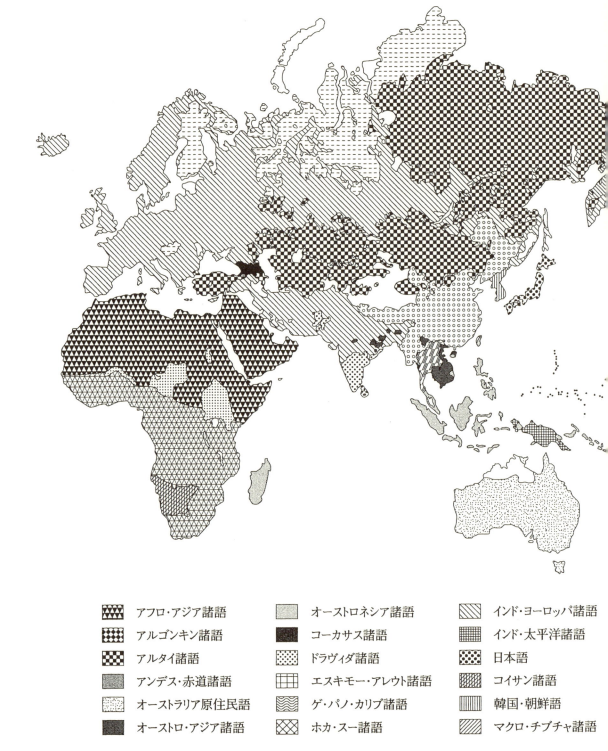

University Press, 1997 ; B. Comrie, S. Matthews & M. Polinsky, *The Atlas of Language*, Facts on File, 1996)

ナデネ諸語		シナ・チベット諸語	
ニジェール・コンゴ諸語		タイ語	
ナイル・サハラ諸語		ウラル諸語	
オト・マンゲ諸語		ユタ・アステカ諸語	
旧シベリア諸語		アステカ・タノ諸語	
ペヌート諸語			

＊無指定の箇所は，孤立または分類不可能な言語をもつ地域や話し手のいない地域を示す．

ウラル・アルタイ諸語の間には共通の特徴として、下に掲げる、

> ・語頭にｒ音が立たない
> ・母音調和がある
> ・冠詞が存在しない
> ・文法上の性が存在しない
> ・語順において、いわゆるＳＯＶ型である
> ・前置詞の代わりに後置詞（助詞）を用いる
> ・動詞に助動詞のような膠着が多い
> ・「…を持つ」と言う代わりに「…がある」と言う
> ・関係代名詞が存在しない

などが挙げられます。一見して、日本語にもよく当てはまるように感じられますが、これらの特徴はすべて直接的な証拠ではなく、部分的な類似を集めたものとも言えるかもしれません。つまり、前頁に述べた比較言語学の方法による証明には隔たりがあって、また実際、文法項目と形態素や基礎語彙などの比較対照でも、むしろ異なる部分が多く認められるようです。やはり「日本語にはウラル・アルタイ語族的な要素が認められる」というところに止めるべきでしょう。

※この他、朝鮮語や、南方のオーストロネシア語（マライ・ポリネシア語）、さらにインドのドラヴィダ語族に属するタミル語に関係付けようとする説などが出されていますが、いずれも決定的な証明には至っていません。見方を変えると、日本語との親族関係が論じられてきた諸言語は、地球上の東西、北方・南方の極めて広い地域に分布することに気付きます。日本語は、以上見てきたような様々な言語の要素が、地理的空間・歴史的時間を経て混じり合い成立した、複雑な生い立ちの言語である、と考えられるかもしれません。

※ウラル・アルタイ語族に属するものには、ラップ語・フィンランド語・ハンガリー語などのウラル諸語、トルコ語・モンゴル語・ツングース語のアルタイ諸語があるといわれています。なお、現在ではウラル語族とアルタイ語族とは一括されず、２つの語族とします。

※母音調和とは、ある単語内部での母音の配列に関する制限のことで、古代日本語にはこの現象が存在したとされます（例えば、オ〈甲〉とオ〈乙〉とは単語内部では共存しない、など）。

日本語略年表

西暦	和暦	事項
75	景行 5	「漢委奴国王」の金印
284?	応神 15	阿直岐来朝
285?	応神 16	王仁来朝
471	雄略 15	稲荷山古墳出土太刀銘
471	雄略 15	江田船山古墳太刀銘
505?	武烈 7	隅田八幡鏡銘
604	推古 12	十七条憲法
607	推古 15	法隆寺薬師仏造像記
712	和同 5	古事記（太安万侶）
713	和同 6	風土記撰進の勅命
720	養老 4	日本書紀（舎人親王ら）
751	天平勝宝 3	懐風藻
759	天平宝字 3	万葉集最終歌
762	天平宝字 6	正倉院万葉仮名文書
797	延暦 16	続日本紀
807	大同 2	古語拾遺（斎部広成）
820 頃	弘仁 11	東大寺諷誦文稿
828	天長 5	成実論古点
835	承和 2	篆隷万象名義（空海）
835	承和 2	空海没（63、いろは歌の作者説不成立）
867	貞観 9	有年申文（讃岐国円珍戸籍帳）
900 頃	昌泰 3	新撰字鏡
905	延喜 5	古今和歌集
927	延長 5	延喜式
934 ?	承平 4	和名類聚抄（源順）
935	承平 5	土左日記（紀貫之）
951	天暦 5	梨壺の五人、万葉集加点
10 世紀中頃		石山寺蔵漢書古点
970	天禄元	口遊（源為憲）
1002?	長保 4	源氏物語（紫式部）
1012?	長和元	孔雀経音義（最古の五十音図）
1058	康平元	明衡往来（藤原明衡）
1079	承暦 3	金光明最勝王経音義識語
11 世紀後半		小松庵色紙（伝貫之）
1100 頃	康和 2	図書寮本類聚名義抄
1106?	嘉承元	今昔物語集
1110	天仁 3・天永元	法華百座聞書抄

西暦	和暦	事項
1130	大治 5	梅沢本古本説話集
1134	長承 3	打聞集
1139	保延 5	春秋経伝集解古点
1177-1181	治承年間	三巻本色葉字類抄
1177-1181	治承年間	梁塵秘抄（後白河法皇編）
1186	文治 2	和泉往来
1204 以降	建仁 4	下官集（藤原定家）
1212	建暦 2	方丈記（鴨長明）
1220	承久 2	愚管抄（慈円）
1240 以前？	仁治元	平家物語
1241	仁治 2	定家没（80）
1251	建長 3	観智院本類聚名義抄
1254	建長 6	古今著聞集（橘成季）
1266	文永 3	吾妻鏡
1275	建治元	名語記
1275	建治元	紀伊国阿弖河庄上村百姓等言上状
1330?	元徳 2	徒然草（吉田兼好）
1363	正平 18	仮名文字遣（行阿）
1394?	応永元	手爾葉大概抄
1420	応永 27	論語抄（清原宣賢）
1444	文安元	下学集
1473?	文明 5	庭訓往来
1474	文明 6	文明本節用集
1477	文明 9	史記抄（桃源瑞仙）
1483	文明 15	手爾葉大概抄之抄（宗祇）
1516	永正 13	後奈良院御撰何曾
1534	天文 3	四河入海（笑雲清三）
1591	天正 19	サントスの御作業
1592	文禄元	ドチリナ・キリシタン
1593	文禄 2	天草版平家物語、伊曾保物語
1598	慶長 3	落葉集
1603	慶長 8	日葡辞書
1608	慶長 13	日本大文典（ロドリゲス）
1610	慶長 15	倭玉篇
1622	元和 8	三河物語（大久保彦左衛門忠教）
1623	元和 9	醒睡笑（安楽庵策伝）
1642	寛永 18	虎明本狂言
1650	慶安 3	片言（安原貞室）
1676	延宝 4	捷解新語（康遇聖）

西暦	和暦	事 項
1683	天和3	雑兵物語（松平信興？）
1695	元禄8	和字正濫抄（契沖）
1695	元禄8	蜆縮涼鼓集（鴨東萩父）
1715	正徳5	和漢三才図会（寺島良安）
1744	延享元	磨光韻鏡（文雄）
1765	明和2	古言梯（楫取魚彦）
1767	明和4	かざし抄（富士谷成章）
1767	明和4	遊子方言（田舎老人多田爺）
1770	明和7	辰巳之園（夢中散人寝言先生）
1771	明和8	てにをは紐鏡（本居宣長）
1775	安永4	物類称呼（越谷吾山）
1776	安永5	字音仮名用格（本居宣長）
1776	安永5	雨月物語（上田秋成）
1777	安永6	倭訓栞（谷川士清）
1778	安永7	あゆひ抄（富士谷成章）
1785	天明5	詞の玉緒（本居宣長）
1796	寛政8	仮名遣奥山路（石塚龍麿）
1808	文化5	詞八衢（本居春庭）
1809	文化6	浮世風呂（式亭三馬）
1814-1842	文化11-天保13	南総里見八犬伝（滝沢馬琴）
1816	文化13	雅語音声考（鈴木朖）
1819	文政2	神字日文伝（平田篤胤）
1824	文政7	言語四種論（鈴木朖）
1826	文政9	雅言集覧（石川雅望）
1829	文政12	古言衣延弁（奥村栄実）
1829	文政12	俚言集覧（大田全斎）
1832	天保3	春色梅暦（為永春水）
1836	天保7	山口栞（義門）
1842	天保13	男信（義門）
1844	弘化元	活語指南（義門）
1850	嘉永3	仮名本末（伴信友）
1867	慶応3	和英語林集成（ヘボン）
1867	慶応3	日本文典（ホフマン）
1873	明治6	チャンブレン来朝
1886	明治19	和英語林集成第3版
1887	明治20	浮雲（二葉亭四迷）
1888	明治21	夏木立（山田美妙）
1891	明治24	言海（大槻文彦）
1895	明治28	国語のため（上田万年）

西暦	和暦	事　項
1897	明治 30	広日本文典（大槻文彦）
1900	明治 33	小学校令施行規則改正（片仮名、平仮名字体の統一など）
1902	明治 35	国語調査委員会設置
1908	明治 41	日本文法論（山田孝雄）
1909	明治 42	仮名遣及仮名字体沿革資料（大矢透）
1909	明治 42	国語学概論（亀田次郎）
1915	大正 4	大日本国語辞典（松井簡治）
1926	大正 15	日本放送協会（NHK）ラジオ放送開始
1927	昭和 2	大日本方言地図（東条操）
1928	昭和 3	言語学原論（ソシュール、小林英夫訳）
1929	昭和 4	室町時代の言語研究（湯澤幸吉郎）
1930	昭和 5	蝸牛考（柳田国男）
1932	昭和 7	大言海（大槻文彦）
1934	昭和 9	国語法要説（橋本進吉）
1937	昭和 12	ローマ字つづり方（訓令式）発出
1940	昭和 15	音韻論（有坂秀世）
1941	昭和 16	国語学原論（時枝誠記）
1942	昭和 17	古代国語の音韻について（橋本進吉）
1942	昭和 17	西大寺本金光明最王経古点の国語学的研究（春日政治）
1944	昭和 19	国語学会（現日本語学会）結成
1946	昭和 21	当用漢字表、現代かなづかい公布
1948	昭和 23	国立国語研究所設置
1953	昭和 28	テレビ放送開始
1954	昭和 29	「ローマ字のつづり方について」公布
1955	昭和 30	国語学辞典（国語学会編）
1964	昭和 39	分類語彙表（国立国語研究所）
1967	昭和 42	日本言語地図（国立国語研究所）
1972	昭和 47	日本国語大辞典
1973	昭和 48	「送り仮名の付け方」告示
1980	昭和 55	国語学大辞典（国語学会編）
1981	昭和 56	常用漢字表告示
1986	昭和 61	現代仮名遣い告示
1991	平成 3	「外来語の表記」告示
2000	平成 12	国内の携帯電話契約数、固定電話契約数を上回る
2001	平成 13	国内のインターネット普及率、50％を上回る
2004	平成 16	国語学会、日本語学会と改称
2010	平成 22	改定常用漢字表告示

参考文献

Ⅰ 言語の特質

ソシュール．F．d.『一般言語学講義』（小林英夫訳、岩波書店、1940 年）
時枝誠記『国語学原論』（岩波書店、1941 年）
金田一春彦『日本語』（岩波書店、1957 年）
服部四郎『言語学の方法』（岩波書店、1960 年）
阪倉篤義編『国語学概説』（有精堂、1976 年）
佐藤喜代治編『国語学研究事典』（明治書院、1977 年）
国語学会編『国語学大辞典』（東京堂出版、1980 年）

Ⅱ 音声・音韻

服部四郎『音声学』（岩波書店、1951 年）
有坂秀世『音韻論』（三省堂、1959 年）
築島裕『国語学』（東京大学出版会、1964 年）
金田一春彦『国語アクセントの史的研究　原理と方法』（塙書房、1974 年）
阪倉篤義編『国語学概説』（有精堂、1975 年）
和田利政・金田弘『国語要説　改訂版』（大日本図書、1981 年）
斎藤純男『日本語音声学入門 改訂版』（三省堂、1997 年）
山口明穂・鈴木英夫・坂梨隆三・月本雅幸『日本語の歴史』（東京大学出版会、1997 年）
国際音声学会編『国際音声記号ガイドブック』（大修館書店、2003 年）
風間喜代三・上野善道・松村一登・町田健『言語学　第2版』(東京大学出版会、2004 年）
中村萬里『人とうまく話せますか　ネゴシエーションとディスカッション　第2版』（双文社出版、
　　2004 年）
工藤浩 他著『改訂版　日本語要説』（ひつじ書房、2009 年）
佐藤喜代治編『国語学研究事典』（明治書院、1977 年）
国語学会編『国語学大辞典』（東京堂出版　1980 年）
『蜆縮涼鼓集』（国語学会編『国語史資料集』武蔵野書院、1976 年）
土井忠生訳『日本大文典　第 3 版』（三省堂、1967 年）
文化庁　平成 22 年度「国語に関する世論調査」

Ⅲ 文法

大槻文彦『広日本文典』（大槻家蔵版、1897 年　勉誠社・復刻版、1974 年）
山田孝雄『日本文法学概論』（宝文館、1908 年）
時枝誠記『国語学原論』（岩波書店、1941 年）
橋本進吉『国語法研究』（岩波書店、1948 年）
国立国語研究所『現代語の助詞・助動詞』（秀英出版、1951 年）
松村明編『日本文法大辞典』（明治書院、1971 年）
北原保雄他編『日本文法辞典』（有精堂、1981 年）
山口明穂編『日本語文法大辞典』（明治書院、2001 年）
『日本文法講座』1‐6・『続日本文法講座』1〜4（明治書院、1957〜1958 年）
鈴木一彦・林巨樹編『品詞別日本文法講座』1〜10（明治書院、1972〜1973 年）
鈴木一彦・林巨樹編『研究資料日本文法』1〜10（明治書院、1984〜1985 年）
山口明穂編『国文法講座』1〜6・別巻 1（明治書院、1987〜1988 年）

Ⅳ　敬語

国立国語研究所『敬語と敬語意識』（秀英出版、1957 年）
国立国語研究所『待遇表現の実態』（秀英出版、1971 年）
国立国語研究所『社会変化と敬語行動の基準』（秀英出版、1986 年）
文化庁『待遇表現』（大蔵省印刷局、1971 年）
辻村敏樹編『講座国語史 5　敬語史』（大修館書店、1971 年）
林四郎・南不二男編『敬語講座』1 ～ 10（明治書院、1973 ～ 1974 年）
大野晋・柴田武編『岩波講座日本語 4　敬語』（岩波書店、1977 年）
大石初太郎『現代敬語研究』（筑摩書房、1983 年）
南不二男『敬語』（岩波書店、1987 年）
菊地康人『敬語』（角川書店、1996 年）

Ⅴ　語彙・意味

林大「語彙」（『講座現代言語学Ⅱ ことばの体系』筑摩書房、1957 年）
山田忠雄編『本邦辞書史論叢』（三省堂、1967 年）
前田富祺『国語語彙史研究』（明治院、1985 年）
沖森卓也編『日本語史』（おうふう、1989 年）
斉藤倫明『現代日本語の語構成論的研究』（ひつじ書房、1992 年）
西崎亨編『日本古辞書を学ぶ人のために』（世界思想社、1995 年）
伊坂淳一『ここからはじまる日本語学』（ひつじ書房、1997 年）
田中章夫「語彙研究の諸相」（『朝倉日本語講座④ 語彙・意味』朝倉書店、2002 年）
田中章夫『近代日本語の語彙と語法』（東京堂出版、2002 年）
国立国語研究所『分類語彙表 増補改訂版』（大日本図書、2004 年）

Ⅵ　文字・表記

大矢透編『仮名遣及仮名字体沿革資料』（国定教科書共同販売所、1909 年　勉誠社・再版、1969 年）
国語調査委員会編『疑問仮名遣』（国定教科書共同販売所、1912 ～ 15 年　勉誠社・再版、1970 年）
山田孝雄『仮名遣の歴史』（宝文館、1929 年）
春日政治『仮名発達史の研究（春日政治著作集 1）』（勉誠社、1982 年）
岡井慎吾『日本漢字学史』（明治書院、1934 年）
橋本進吉『文字及び仮名遣の研究（橋本進吉博士著作集 3）』（岩波書店、1949 年）
築島裕『平安時代語新論』（東京大学出版会、1969 年）
小松英雄『日本語書記史原論』（笠間書房、1998 年）
乾善彦『漢字による日本語書記の史的研究』（塙書房、2003 年）
佐藤喜代治編『漢字講座』1 ～ 12（明治書院、1987 ～ 89 年）
前田富祺・野村雅昭編『朝倉漢字講座』1 ～ 5　（朝倉書店、2003 ～ 2006 年）

Ⅶ　文章・文体

波多野完治『文章心理学入門』（三省堂、1941 年）
小林英夫『文体論の建設』（育英書店、1943 年）
樺島忠夫・壽岳章子『文体の科学』（綜芸舎、1965 年）
佐藤喜代治『日本文章史の研究』（明治書院、1966 年）
時枝誠記『文章研究序説』（山田書院、1966 年）
国語学会編『国語史資料集 － 図録と解説 －』（武蔵野書院、1976 年）
林大監修『図説日本語』（角川書店、1982 年）
『日本語百科大辞典』（大修館書店、1988 年）

秋本守英編『資料と解説 日本文章表現史』(和泉書院、2006年)
高崎みどり・立川和美編『ガイドブック文章・談話』(ひつじ書房、2010年)

Ⅷ 言語生活

西尾実『言語生活の探究』(岩波書店、1961年)
佐藤喜代治編『講座国語史6 文体史・言語生活史』(大修館書店、1972年)
宇野義方『国語学叢書12 言語生活史』(東京堂出版、1986年)
佐藤喜代治編『国語学研究事典』明治書院
国語学会編『国語学大辞典』(東京堂出版、1980年)

Ⅸ 方言

東條操『日本方言学』(吉川弘文館、1953年)
土井忠生『ロドリゲス日本大文典』(三省堂、1955年)
国語学会編『方言学概説』(武蔵野書院、1962)
日本方言研究会編『日本の方言区画』(東京堂出版、1964年)
九州方言学会『九州方言の基礎的研究』(風間書房、1969年)
徳川宗賢『日本語の世界6 言葉・西と東』(中央公論社、1981年)
飯豊毅一ほか編『講座方言学』国書刊行会、1982～1986年
平山輝男『現代方言学の課題』(明治書院、1983年)
奥村三雄『九州方言の史的研究』(桜楓社、1989年)
柴田武『方言論』(平凡社、1988年)
奥村三雄『方言国語史研究』(東京堂出版、1990年)
小林隆・篠崎晃一・大西拓一郎編『方言の現在』(明治書院、1996年)
柴田武「方言・共通語・標準語」(『日本語学』16-4 明治書院、1997年)
柳田国男「蝸牛考」『柳田国男全集5』(筑摩書房、1997年)
迫野虔徳『文献方言史研究』(清文堂出版、1998年)
佐藤亮一 監修『お国ことばを知る 方言の地図帳』(小学館、2002年)
大西拓一郎『現代方言の世界』(朝倉書店、2008年)
『源氏物語』(新編 日本古典文学全集)
『拾遺和歌集』(新日本古典文学大系)
『物類称呼』(藝林社 古典資料)

Ⅹ 系統

藤岡勝二「日本語の位置」(『国学院雑誌』14-8、1908年)
金澤庄三郎『日韓両国語同系論』(三省堂、1910年)
有坂秀世『国語音韻史の研究 増補新版』(三省堂、1957年)
服部四郎『日本語の系統』(岩波書店、1959年)
川本崇雄『日本語の源流』(講談社現代新書、1980年)
高津春繁『比較言語学入門』(岩波文庫、1992年)
大野晋『日本語の形成』(岩波書店、2000年)
風間喜代三ほか『言語学 第2版』(東京大学出版会、2004年)
松本克己「日本語の系統」(『朝倉日本語講座1 世界の中の日本語』朝倉書店、2005年)

MEMO

著者

中村　萬里（筑紫女学園大学教授）　Ⅰ、Ⅱ、Ⅸ
坂本　浩一（福岡女子大学教授）　Ⅲ、Ⅳ、Ⅵ
矢毛　達之（久留米大学専任講師）　Ⅴ、Ⅶ、Ⅹ、略年表
久保薗　愛（愛知県立大学准教授）　Ⅱ、Ⅷ、Ⅸ

入門　日本語学ワークブック

発行　2020年3月25日

著　者　中村　萬里
　　　　坂本　浩一
　　　　矢毛　達之
　　　　久保薗　愛
発行者　早武　康夫
発行所　暁印書館
　　　　〒185-0021　東京都国分寺市南町3-26-8
　　　　電話 042-312-4103　ファクス 042-312-4107

ISBN978-4-87015-545-9　C0081

ワークシート

| ワークシート：I | 日付： 　年　　月　　日（　） | ●確認印● |

学籍番号：　　　　　　　名前：

【言語の特質】

話しことば（音声言語）と書きことば（文字言語）の長所と短所について説明してみましょう。

| ワークシート： Ⅱ - (1) | 日付： 　年　　月　　日（　） | ●確認印● |

学籍番号：　　　　　　　　　名前：

【音声】

① 次に挙げるオトを、(1)音声に含まれるもの　(2)含まれないものに分類してみましょう。

　くしゃみ、鼻すすり音、咳、歌声、笑い声、（動物の）鳴き声、（子供の）泣き声、
　ささやき、ひそひそ話、鼻歌、車の走る音

(1) 音声に含まれるもの

(2) 音声に含まれないもの

② 次の語を、音声記号で表記してみましょう。

　　かわ（川）
　　ほし（星）
　　かず（数）
　　かさ（傘）
　　かし（歌詞）
　　なつ（夏）
　　さじ（匙）
　　にもつ（荷物）
　　大ガラス（大きいカラス）
　　大ガラス（大きいガラス）

【音韻】

　音声と音韻の違いを具体的な例を挙げて説明してみましょう。その際、ワークブックに挙げられていない例を探してみましょう。

ワークシート： Ⅱ - (3)　　日付：　　　年　　月　　日（　）

● 確認印 ●

学籍番号：　　　　　　名前：

【アクセントとイントネーション】

① 次の例のアクセントを記述してみましょう。

　インターネット
　テクノロジー
　ストライク
　ホームラン
　ホッケー
　アイルランド
　レニングラード
　ジュネーブ
　シャンデリア
　エベレスト
　コンクリート
　ペンネーム
　スカート
　ファックス
　カレーライス

② 上の例から、どんな法則が導けるでしょうか。考えてみましょう。

| ワークシート：Ⅱ-(4) | 日付： 　年　　月　　日（　） | ●確認印● |

学籍番号：　　　　　　　名前：

【音韻史】

① ハ行転呼の例外（ハ行転呼を起こさない語）を考えてみましょう。

② なぜ、それらの語がハ行転呼を起こさないのか、原因を考えてみましょう。

| ワークシート：Ⅲ-(1) | 日付： 　年　月　日（　） | ●確認印● |

学籍番号：　　　　　　　名前：

①「単文」、「複文」、「重文」の違いを説明してみましょう。

② 自動詞と他動詞でペアができるものを挙げてみましょう。

| ワークシート： Ⅲ - (2) | 日付： 　　年　　月　　日（　） | ●確認印● |

学籍番号：　　　　　　　　名前：

【口語文法と文語文法】

　現代語の助詞「が」と「は」にどのような使い分けがあるか、具体的な例を挙げて考えてみましょう。

| ワークシート： Ⅲ - (3) | 日付： 　年　月　日（　） | ●確認印● |

学籍番号：　　　　　　名前：

【文法研究史】

　三大文法学説のそれぞれにおいて、①「文」の定義、②品詞分類がどうなっているのか調べて比較してみましょう。

| ワークシート： III - (4) | 日付： 　　年　　月　　日（　） | ● 確認印 ● |

学籍番号：　　　　　　　名前：

【文法史】

　「レタスことば」とはどのようなものでしょうか。またどうしてそういう語形が生じるのでしょうか。具体的な例を挙げて、「ら抜きことば」ともあわせて考えてみましょう。

| ワークシート：Ⅳ-(2) | 日付： 　年　　月　　日（　） | ●確認印● |

学籍番号：　　　　　　　名前：

【敬語の分類】

　　それぞれの敬語について適切な使い方に直してみましょう。

1) ご友人が先刻からお待ち申し上げていらっしゃいました。

2) 先月から甥がロンドンにご出張でいらっしゃっています。

3) 私はこの書類をどちらにご提出なさればよいでしょうか。

4) この料理は、あの時先生がお召し上がられたものです。

5) その件は、会長がおっしゃられるとおりにご処理いたしました。

6) この用紙にご記入してからお出しになってください。

7) みなさんが考えておられるようになさったらよいかと存じます。

8) さきほどあなたが提案いたしましたとおりに配置されています。

9) その資料については、向かいの窓口で説明していただいてください。

10) お届け先を父に伺ってからそちらにご郵送申し上げました。

それぞれの敬語について適切な使い方に直してみましょう。

11) お店にお着きになられたときには、ぜひこの券をご利用いたしますとよろしいかと存じます。

12) 私は、その頃先生にご指導していただいた山田と申し上げます。

13) 当日は先生のお宅まで、私が父をしっかりご案内申し上げます。

14) このバスは回送ですので、お客様はご乗車できません。

15) 以前あなたにお話ししてくださった祖父にようやくお目にかかりました。

16) いまつけさせていただいております指輪は、主人の姉が昨年くださったものだったのです。

17) 昨年はお母さんにカーネーションをさしあげたらとても喜んでくださいました。

18) ゆっくりご拝見なさってから、ご注文なさってください。

19) 私は存じ上げてないのですが、明日はそこにまいるご予定ですか。

20) そちらで承られましたら、私までご連絡いただけますか。

| ワークシート：Ⅳ-(3) | 日付： 　年　　月　　日（　） | ●確認印● |

学籍番号：　　　　　　　名前：

【敬語史】

「マニュアル敬語」と呼ばれる敬語の問題点について考えてみましょう。

| ワークシート：Ⅴ-(1) | 日付： 　年　　月　　日（　） | ●確認印● |

学籍番号：　　　　　　　名前：

① 36頁の表から、使用率の高い語にはどのようなものがあるかが分かるでしょう。それらにはどのような共通性や特徴があるか、考えてみましょう。

●使用率の高い語…

　　

　　

●使用率の高い語の共通性・特徴…

② それぞれの語種にどのような特徴があるか、例を集めて考えてみましょう。

●和語の特徴…
....
....
....

●漢語（字音語）の特徴…
....
....
....

●外来語の特徴…
....
....
....

発展問題 外来語にはどの言語から借用されたものが多いか、いつの時期から用いられるようになったか、医学・山岳・料理・芸術などそれぞれの分野で、専門用語として用いられる外来語の出自に特徴がないかなど、調べてみましょう。

....
....
....
....

| ワークシート：Ⅴ-(2) | 日付： 　年　　月　　日（　） | ●確認印● |

学籍番号：　　　　　　名前：

①「父親」/「おやじ」、「母親」/「おふくろ」、「あがる」/「のぼる」、「さがる」「くだる」などの関係について、語義の違いを考えてみましょう。

● 「父親」「母親」／「おやじ」「おふくろ」

父親・母親	
おやじ・おふくろ	

● 「あがる」／「のぼる」

あがる	
のぼる	

● 「さがる」／「くだる」

さがる	
くだる	

②「行く」の対義語には、「来る」の他に「帰る」もあります。「行く／来る」、「行く／帰る」のそれぞれの関係を考えてみましょう。

ワークシート：Ⅴ-(3)　日付：　　年　　月　　日（　）

学籍番号：　　　　　　名前：

①「肴」の他に、もともとは合成語であったと考えられる現代の単純語の例を探してみましょう。

② 43頁に掲げた以外に、接辞にはどのようなものがあるか、また他の役割がないか、考えてみましょう。

●接辞の例…

………………………………………………………………………………………………………
………………………………………………………………………………………………………
………………………………………………………………………………………………………
………………………………………………………………………………………………………
………………………………………………………………………………………………………
………………………………………………………………………………………………………

●接辞の他の役割…

………………………………………………………………………………………………………
………………………………………………………………………………………………………
………………………………………………………………………………………………………
………………………………………………………………………………………………………
………………………………………………………………………………………………………
………………………………………………………………………………………………………

| ワークシート：Ⅴ-(4) | 日付： 　年　　月　　日（　　） | ●確認印● |

学籍番号：　　　　　　　　名前：

1. 語形変化のそれぞれの類型について、他にどのような例があるか、できるだけ多く挙げてみましょう。

● 音の交替

　① 音節交替…

　② 母音交替…

　③ 子音交替…

　④ 撥音・促音が関わる交替…

● 音の添加

　① 子音添加…

　② 撥音添加…

　③ 促音添加…

　④ 長音添加…

● 音の脱落

　① 音節脱落…

　② 母音脱落…

　③ 子音脱落…

　④ 撥音脱落…

● 音の融合…

2. 語形成の類型の内、混淆・合成の場合には他にどのような例があるか、できるだけ多く挙げてみましょう。

●混淆…

●合成…

| ワークシート：Ⅵ-(2) | 日付： 　　年　　月　　日（　） | ●確認印● |

学籍番号：　　　　　　　名前：

【日本の文字】

1. 漢字の部首「①偏　②旁　③冠　④脚　⑤構　⑥垂　⑦繞」それぞれについて、あなたが使っている漢和辞典の部首索引に出てくる順に具体例をいくつか挙げてみましょう。

① 偏

② 旁

③ 冠

④ 脚

⑤ 構

⑥ 垂

⑦ 繞

2. 日本で作られた国字にはどのようなものがあるか、その字の「音読み」「訓読み」も一緒に添えて挙げてみましょう。

【文字史】

1. 平成 22 年の「改定常用漢字表」において追加・削除された漢字の例を挙げてみましょう。

① 追加された漢字の例

② 削除された漢字の例

2. インターネット用語の具体例を探して挙げてみましょう。

① アルファベット略語
② 顔文字
③ AA（アスキーアート）

① 次の2つの文は、どちらも夏目漱石の『坊っちゃん』についての説明です。

　a)『坊っちゃん』は漢字平仮名交じり文である。
　b)『坊っちゃん』は江戸っ子口調で書かれている。

　文体論の立場から、a) b) の違いを説明してみましょう。

② 次に掲げる表は、文体指標の中から文の長さをとりあげ、森鷗外・芥川龍之介・谷崎潤一郎の３人の作家の文章について計量的に調査したものです。３人の文の特徴を説明してみましょう。

〔作家と文の長さ〕

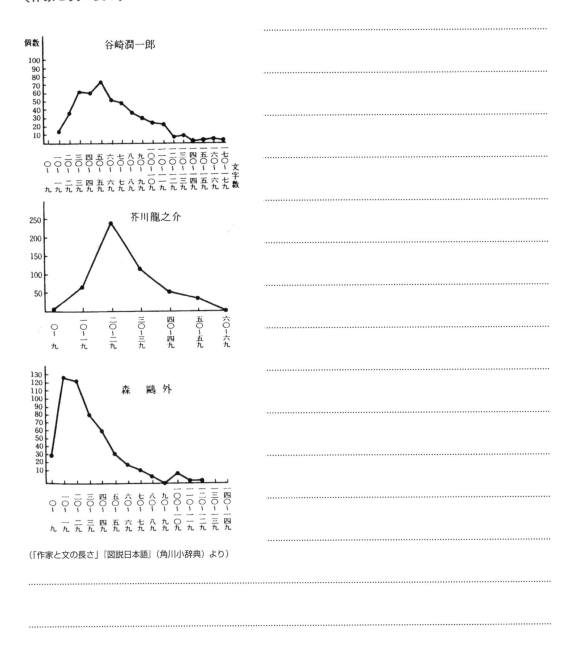

(「作家と文の長さ」『図説日本語』（角川小辞典）より)

| ワークシート：Ⅶ-(3) | 日付： 　年　　月　　日（　） | ●確認印● |

学籍番号：　　　　　　　　　名前：

① 現在、a）変体漢文的な表記が見られるのはどのような文章でしょうか。b）また、文語体が見られる文章はあるでしょうか。考えてみましょう。

a）変体漢文的な表記が見られる文章…

　　

　　

　　

b）文語体が見られる文章…

　　

　　

　　

② 和漢混淆文には、漢文訓読的な語法の1つとして対句表現が多く用いられることも指摘されています。63頁の『方丈記』から、対句表現をできるだけ多く挙げてみましょう。

| ワークシート：Ⅷ-(1) | 日付： 　年　　月　　日（　） | ●確認印● |

学籍番号：　　　　　　　名前：

次の会話を、次の場面ではそれぞれどのように話しますか。考えてみましょう。

〈会話例〉
A：今日は来てくれてありがとう。
B：こちらこそ、招待してもらって嬉しいです。

● 冠婚葬祭などの改まった場面A

A：

B：

● 友人同士の会話の場面

A：

B：

| ワークシート：Ⅷ-(2) | 日付： 　年　　月　　日（　） | ● 確認印 ● |

学籍番号：　　　　　　名前：

① ことばの世代差について、どんなものがあるか具体例を考えてみましょう。
　また、どれくらいの年代に差があるのか、調べてみましょう。

② 職業語、キャンパス言葉、ネットスラングについて、それぞれ例を挙げてみましょう。

| ワークシート：Ⅸ-(1) | 日付： 　年　　月　　日（　） | ●確認印● |

学籍番号：　　　　　　　名前：

① 方言とは何か、具体的な例を挙げて説明してみましょう。

② 地域共通語について、具体的な例を考えてみましょう。

| ワークシート： IX - (3) | 日付： 　年　月　日（　） | ●確認印● |

学籍番号：　　　　　　名前：

「顔」の言語地図を見て、どのような分布になっているか考えてみましょう。

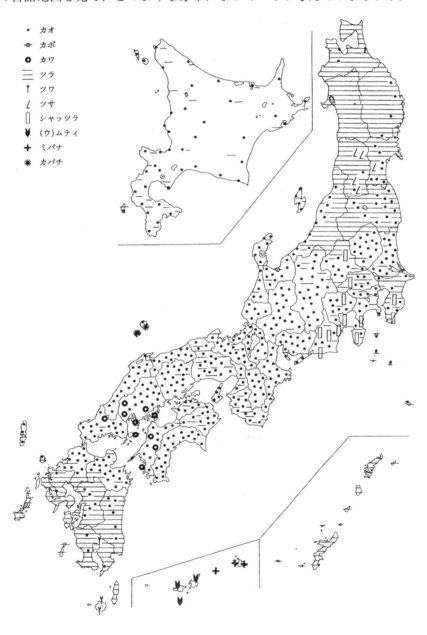

....

....

....

| ワークシート：Ⅸ-(4) | 日付： 　年　月　日（　） | ●確認印● |

学籍番号：　　　　　　　名前：

① 自分自身の方言に対するイメージを挙げてみましょう。

② 他の方言（例：大阪方言、博多方言、沖縄方言など）に対するイメージを挙げてみましょう。

| ワークシート：X | 日付： 　年　　月　　日（　） | ●確認印● |

学籍番号：　　　　　　　名前：

① 必ずしも類縁関係が想定されない言語どうしを比べ、類似や相違を考える立場を対照言語学といいます。日本語と、英語などあなたの知っている他言語とを対照し、似ている点や異なる点を挙げてみましょう。

　　　　　　　　日本語と（　　　　　　　　　　　）語

●似ている点…

....

....

....

....

....

●異なる点…

....

....

....

....

....

② 文法上の「性」とはどのような概念でしょうか。調べてみましょう。